季節を感じて
日々を楽しむ

くらし歳時記

三浦康子 監修

成美堂出版

はじめに

春には野山に出て若菜を摘み、夏の夕べには蛍狩りに出かけ、秋には澄んだ夜空に月を見上げ、冬には家中を浄めてお正月を迎える――。世界の中でも四季がはっきりしている日本には、長い歴史の中で、季節ごとのさまざまな行事や習わしが受け継がれてきました。

「歳時記」とは元来、一年の行事や祭事、季節の移り変わりについて記したものです。それらは全て、日本の文化の深いところに根づき、息づいてきたもの。季節に応じて、より豊かなくらしを送るための知恵や教えが詰まっています。

この本では、くらしにまつわる行事や風習を、現代のくらしに即したかたちで取り上げ、場合によっては再解釈し、今を生きる私たちが無理なく受け継いでいけるようにという思いを込めて紹介しています。忙しい日々の中でも、四季折々の習わしをほんの少し、くらしに取り入れるだけで、なにげない日々が色づき記憶に残るものとなるはずです。

●旧暦について

日本では、１８７２（明治５）年まで、「旧暦」が使われてきました。正式には「太陰太陽暦《たいいんたいようれき》」と呼ばれ、月の満ち欠けで一か月の日付を決める「太陰暦」をベースに、太陽の運行に基づく「太陽暦」の要素を加えたものです。旧暦では、一年が平均３５４日となり、徐々に季節にずれが生じるため、数年に1回「閏《うるう》月《づき》」をもうけて一年を13か月にして調整していました。

明治以降、現在まで使われている「新暦」は太陽暦で、4年に1度の「閏日」を除けば、一年が３６５日で固定されています。長年、旧暦で受け継がれてきた行事や風習の多くが、日付をそのままに新暦に移行されたので、季節感のずれを感じるものも多くなっています。

一方、「十五夜」のように、旧暦で数えた日付で行われる行事や、「盂蘭盆会《うらぼんえ》（お盆）」のように、旧暦で7月15日であった行事をその季節感に近づけ、ひと月遅れで行う場合もあります。

旧暦が今なお、私たちのくらしに深くかかわっていることを知ったうえで、この本を読み進めていくと、行事や風習に対する理解もより深まるでしょう。

目次

この本について

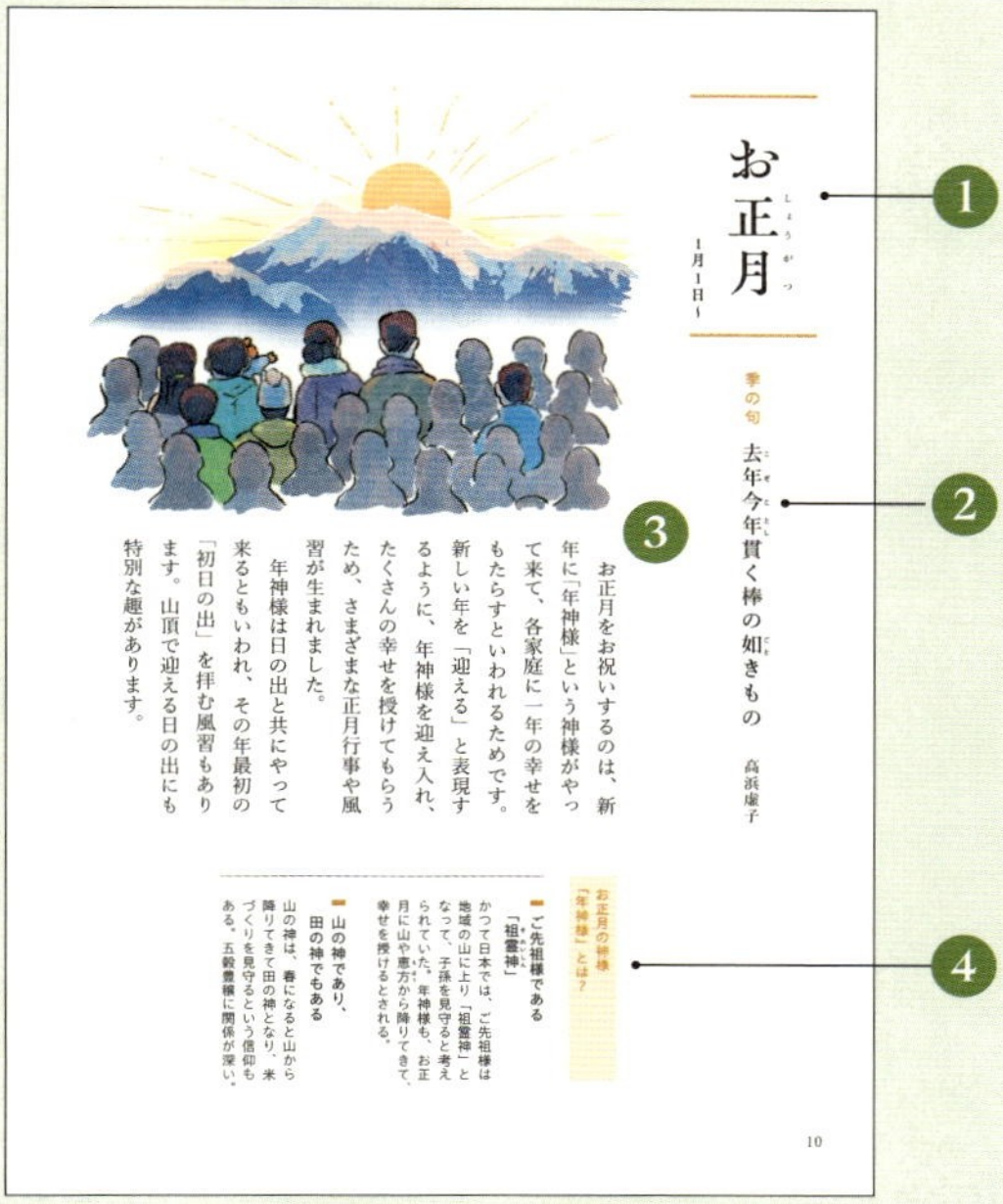
お正月《しょうがつ》
1月1日〜
季の句
去年今年《こぞことし》貫く棒の如《ごと》きもの　高浜虚子

お正月をお祝いするのは、新年に「年神様」という神様がやって来て、各家庭に一年の幸せをもたらすといわれるためです。新しい年を「迎える」と表現するように、年神様を迎え入れ、たくさんの幸せを授けてもらうため、さまざまな正月行事や風習が生まれました。

年神様は日の出と共にやって来るともいわれ、その年最初の「初日の出」を拝む風習もあります。山頂で迎える日の出にも特別な趣があります。

お正月の神様「年神様」とは？

ご先祖様である「祖霊神《それいしん》」

かつて日本では、ご先祖様は地域の山に上り「祖霊神」となって、子孫を見守ると考えられていた。年神様も、お正月に山や恵方《えほう》から降りてきて、幸せを授けるとされる。

山の神であり、田の神でもある

山の神は、春になると山から降りてきて田の神となり、米づくりを見守るという信仰もある。五穀豊穣に関係が深い。

10

・行事や風習は、地域によってちがいがあります。本書では、一般的に知られた内容を紹介しています。
・行事やお祭りの日程は、地域や年によって変わる場合があります。
・花の開花期や食べ物の旬は、地域によって変わる場合があります。

1 行事・季節の言葉

春夏秋冬、季節の巡りに合わせて行われる行事や風習について紹介します。また、季節の移り変わりの目安となる、二十四節気《にじゅうしせっき》、五節句《ごせっく》、雑節《ざっせつ》（全てP.187参照）も取り上げています。

二十四節気について、本書では、その節気に入る日を掲載しています。また、二十四節気や雑節は、年によって日付が前後する場合があるため、「〜日頃」と表記しています。（例：立春は2月4日頃）

2 季の句・歌・詩

季節に関係する俳句や短歌、漢詩を選んで掲載しています。紹介している作品は、一節を抜粋している場合があります。

3 解説

行事・季節の言葉の意味や由来、一般的な過ごし方について紹介します。また、その時期ならではの気象や生き物、食べ物などについても取り上げます。

4 コラム

教養をさらに深めるための知識や、知っておくと役立つくらしの知恵などを紹介します。

1月

睦《む》月《つき》

正月に家族や親戚が一堂に会し、親しくする（睦《むつ》ぶ）月。稲作に備え、稲の実を初めて水に浸す「実《む》月《つき》」が転じたとも。

1月の暦

1日	元日
5日頃	小寒《しょうかん》
7日	七草粥／人日《じんじつ》の節句／松納め 「松納め」は7日が一般的だが、地域により15日などの場合も
第2月曜日	成人の日
11日	鏡開き
15日	小正月《こしょうがつ》／左義長《さぎちょう》
20日頃	大寒《だいかん》

季の花

フクジュソウ

早春に、輝くような黄金色の花を開く。お正月用の鉢花として人気

ロウバイ

蝋《ろう》細工のように透き通った花弁と、ウメに似た姿が名前の由来

ハボタン

ボタンの花びらのように広がる葉が美しく、冬枯れの庭を彩る

季の鳥

スズメ

冬場、羽の中に空気を入れて、寒さから身を守る姿が、「ふくら雀」と呼ばれ親しまれる

タンチョウ

長寿の象徴であるツルの中でも、その優美な姿から縁起物の絵柄などに喜ばれる

季の魚介

シジミ

冬季のシジミは特に栄養豊富で美味。「寒蜆《かんしじみ》」と呼ばれて好まれる

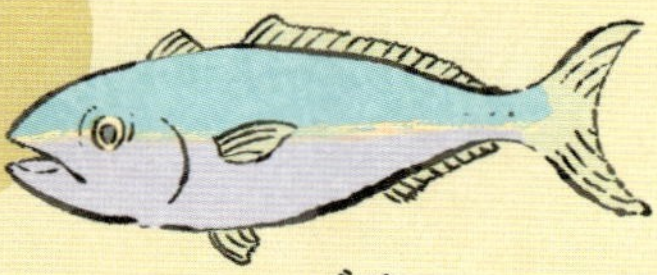

ブリ

成長ごとに名前が変わる出世魚。おめでたい魚として年末年始に欠かせない

1月の季語

去年今年《こぞことし》

一夜にして去年から今年に年が替わり、新年となる。時の流れの速さへの感慨がこもる季語

淑気《しゅくき》

新年のすがすがしく喜ばしい気配や空気のこと。洗い浄められたような、正月ならではの趣

御降り《おさがり》

昔は元日・三が日の雨や雪も、天から降る「御降り」と呼ばれ、豊作の前兆として喜ばれた

季の果菜

キンカン

金の冠《かんむり》を意味する「金《きん》冠《かん》」になぞらえ、おせち料理にも使われる

ホウレンソウ

冷たい空気に当たると甘さが増すため、厳寒期が特においしい

お正《しょう》月《がつ》

1月1日～

季の句

去年《こぞ》今年《ことし》貫く棒の如《ごと》きもの　高浜虚子

お正月をお祝いするのは、新年に「年神様」という神様がやって来て、各家庭に一年の幸せをもたらすといわれるためです。新しい年を「迎える」と表現するように、年神様を迎え入れ、たくさんの幸せを授けてもらうため、さまざまな正月行事や風習が生まれました。

年神様は日の出と共にやって来るともいわれ、その年最初の「初日の出」を拝む風習もあります。山頂で迎える日の出にも特別な趣があります。

お正月の神様「年神様」とは？

ご先祖様である「祖霊神《それいしん》」

かつて日本では、ご先祖様は地域の山に上り「祖霊神」となって、子孫を見守ると考えられていた。年神様も、お正月に山や恵方《えほう》から降りてきて、幸せを授けるとされる。

山の神であり、田の神でもある

山の神は、春になると山から降りてきて田の神となり、米づくりを見守るという信仰もある。五穀豊穣に関係が深い。

初詣《はつもうで》

年初めのお参りで新年の幸せを呼び込む

年の初めに神社やお寺にお参りすると、新年の幸せが増すといわれます。本来は、氏《うじ》神様《がみさま》(住んでいる地域の神様)や、菩提寺《ぼだいじ》(祖先のお墓があるお寺)に参るものですが、近年は有名な社寺にお参りすることも多くなりました。

初詣には、なるべく早く行きましょう。元日を過ぎたら「三が日」、三が日を過ぎたら「松の内」に行くのが目安です。松の内は1月7日まで、地域によっては15日までです。

神社の名前とご利益のちがい

神宮《じんぐう》	国の祖先神を祀る 平和、家内安全など万事
八幡《はちまん》	弓矢・武道の神様である八幡神を祀る 必勝祈願、安産祈願、厄除け、長寿など
天神《てんじん》	学問の神様・菅原道真を祀る 合格祈願、学業成就など
稲荷《いなり》	農業・商業の神様である稲荷神を祀る 豊作祈願、商売繁盛など

神社の正しい参拝方法

1 **軽く一礼をして鳥居をくぐる**
鳥居の向こうの境内は、神様の空間と考えられている

2 **参道は中央を避けて静かに歩く**
中央は神様が通るところなので避けて歩く

3 **手水舎《ちょうずしゃ》で手水をとり、心身を浄める**
手を洗い、口をすすいで浄めることで、心(魂)も浄める

4 **拝殿の前に進み、賽銭《さいせん》箱に賽銭を入れて、鈴を鳴らす**
大事なもの(賽銭)を捧げることで、心の靄《もや》を晴らす

5 **「二拝二拍手一拝《にはいにはくしゅいっぱい》」の作法で拝礼する**
「拝」とは、約90度の深いおじぎのこと。2回深くおじぎをして、2回拍手《かしわで》を打ち、両手を合わせて祈り、もう1度深いおじぎをする

正月飾り

年神様をお迎えする意味がある

年末に大掃除をしてきれいに整えた家に、飾り物をしたり、くつろぐ場所を用意したりして、訪れた年神様への感謝の気持ちを表します。

門松《かどまつ》

年神様に迷わず来てもらうための目印。外に向けて、門や玄関前に一対で飾る。古来、神の宿る木とされる松に、縁起物の竹や梅を添える

鏡餅

年神様へのお供え物であり、依《よ》り代《しろ》。餅を神事に用いられる丸い鏡に見立てている

昆布
「よろこぶ」に通じる

橙《だいだい》
代々栄えるようにと願いを込める

ゆずり葉
新しい葉の生長を待って古い葉が落ちることを、新旧の世代交代になぞらえ、子孫繁栄を願う

裏白《うらじろ》
葉の裏が白いため、清廉潔白を表す

三方《さんぼう》
お供え物を盛る器。三方の窓から神様の力を授かるとされる

紙垂《しで》
神の降臨を示す雷を表す

四方紅《しほうべに》
四方を紅で彩った紙。天地四方を拝して、災いを払い繁栄を願う

しめ飾り・しめ縄

年神様をお迎えする神聖な場所であることを表す。不浄なものが入らないよう、しめ縄が結界の役割を果たしている

玉飾り

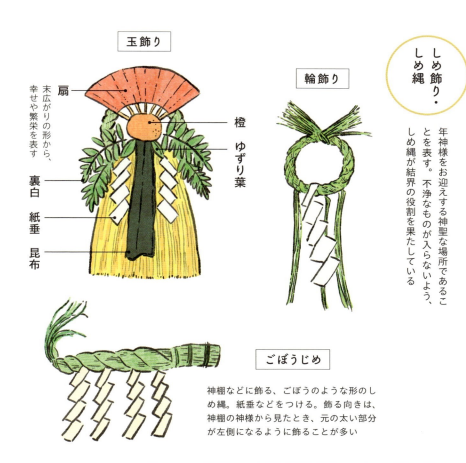

扇
末広がりの形から、幸せや繁栄を表す
橙
ゆずり葉
裏白
紙垂
昆布

輪飾り

ごぼうじめ

神棚などに飾る、ごぼうのような形のしめ縄。紙垂などをつける。飾る向きは、神棚の神様から見たとき、元の太い部分が左側になるように飾ることが多い

一般的な「紙垂」のつくり方

1
半紙を半分に切り、それを半分に折る

2
上下互い違いに3か所、それぞれ3分の2ほど切り込みを入れる

3
左端の一片を残し、切り込みの部分を順に手前へと折り返して完成

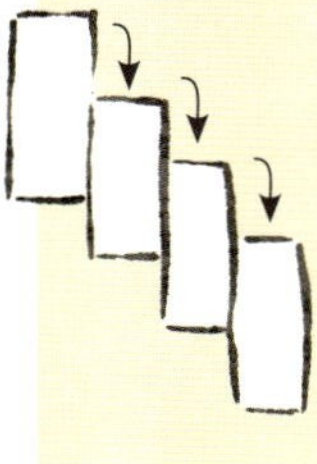

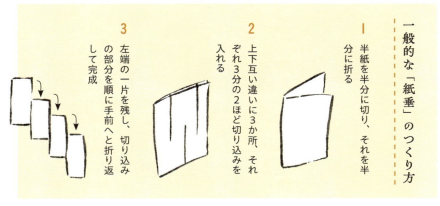

おせち

年神様へのお供え物であり家族の繁栄を願う料理

「おせち」は昔、季節の節目に、神様にお供えする料理のことでしたが、やがてお正月の料理だけを指すようになりました。家族の繁栄を願う縁起物を、めでたさが重なるようにと重箱に詰めます。料理の品数は、縁起のよい奇数にします。かまどの神様を休めるために、つくりおきの料理が中心です。

おせち料理の「三《み》つ肴《ざかな》」

「黒豆、数の子、田作り（関西ではたたきごぼう）」は「三つ肴」と呼ばれ、おせち料理に欠かせない

正月にふさわしい祝い肴

一の重（祝い肴《ざかな》）

たたきごぼう
ごぼうのように深く根を張り、家の土台が揺らがないことを願う。また、たたいて「身」を開くことで、開運を祈る

伊達巻き
「伊達」は「華やかな」の意味。形を書物の巻物に見立てて、知識が増えることを願う

数の子
子孫が繁栄するようにと願って

栗きんとん
栗は「勝ち栗」と呼ばれる縁起物。きんとんは「金団《きんとん》」と書き、蓄財につながる

黒豆
まめに（勤勉に）働き、まめに（丈夫で元気に）暮らせるようにと願って。黒色は邪気を払うといわれる

紅白かまぼこ
半円形が、年神様を象徴する日の出を表す。赤は魔除け、白は清浄に通じる

田作り（五万米《ごまめ》）
鰯《いわし》が田畑の肥料だったことから、豊作を祈る。「五万米」ともいう

昆布巻き
「喜ぶ」とかけ、お祝いの席に欠かせない

紅白なます
紅白でめでたい。祝いの水引にも通じる

縁起のよい海の幸が中心

二の重（焼き物）

たい
「めでたい」に通じる

ぶり
ぶりは、成長するたびに名前が変わる出世魚。立身出世を願って

鶏の松風《まつかぜ》焼き
裏面に何もつけないので、隠し事なく正直であるように

えび
腰が曲がるまで長生きできるように

いかの松笠《まつかさ》焼き
縁起のよい松笠（松ぼっくり）に見立てて

山の幸を煮しめて家族円満を祈る

三の重（煮しめ）

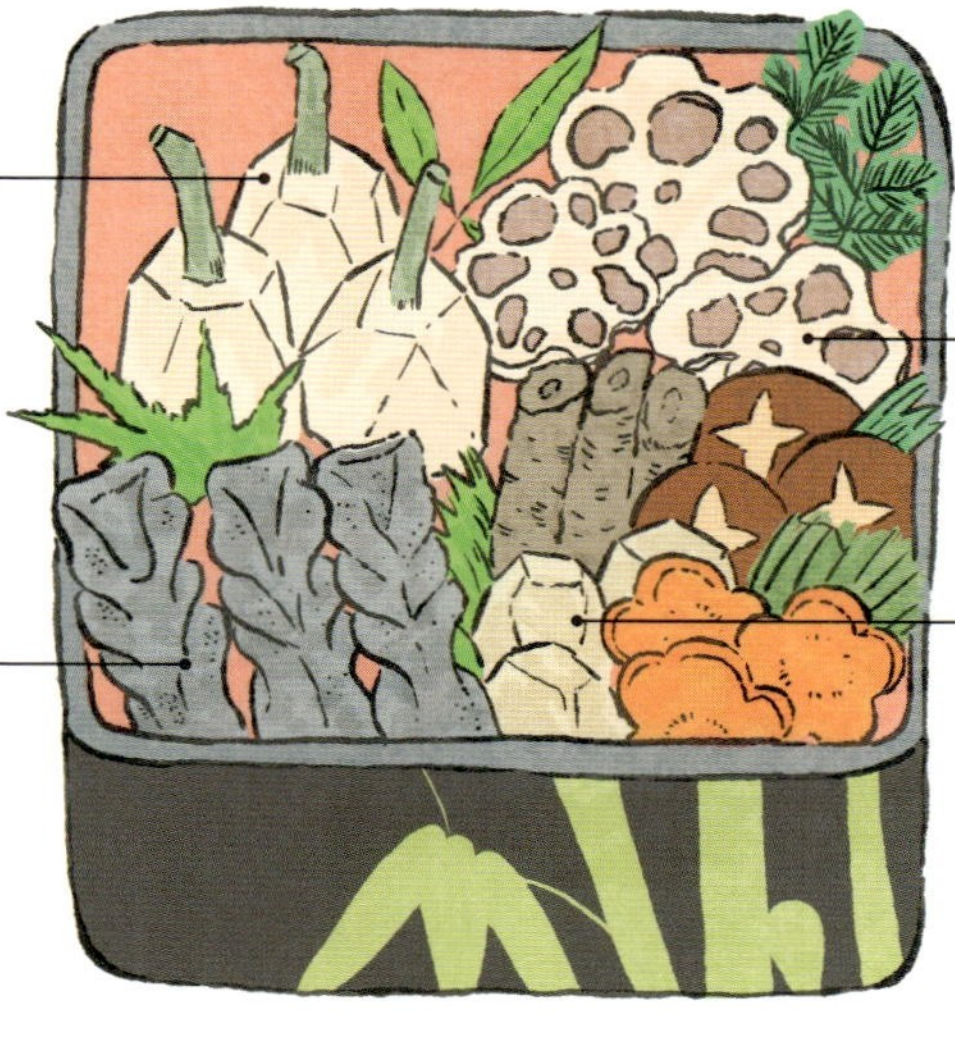

れんこん
穴から向こうが見えることから、将来の見通しがきくように

八《や》つ頭《がしら》
子芋がたくさんつくため、子孫繁栄を願って。また、頭《かしら》となって出世するように

くわい
大きな芽が出るので「めでたい」に通じる

手綱《たづな》こんにゃく
縁を結ぶ意味を込めて

お屠《と》蘇《そ》

邪気を「屠《ほふ》る」薬酒《やくしゅ》で長寿と健康を祈る

お屠蘇は新年を祝う薬酒です。大晦日に漢方薬の「屠蘇散《とそさん》」を日本酒かみりんに浸しておき、元旦に引き上げます。年長者に生気をうつすという意味で、若い人から順に盃を飲み回し、家族の健康を祈ります。

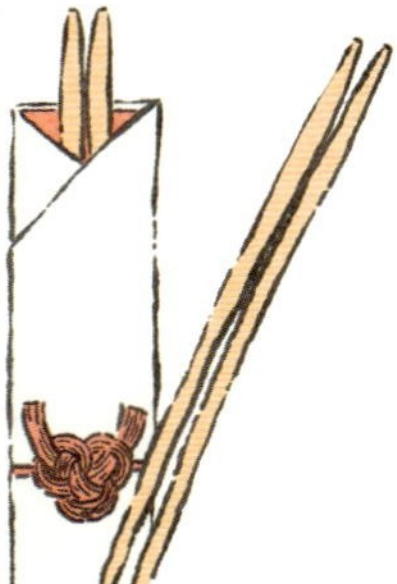

祝い箸

元旦から使うお祝い用の箸

祝い箸は、箸の両方が使えるようになっており、一方が神様用で、神様と人が共に食事をすることを表しています。大晦日に神棚（または鏡餅のところ）に供えて元旦におろし、松の内、または三が日は同じ箸を使います。

「あわじ結び」で箸袋を飾ろう

1 水引を１本持ち、中心より上の方で、しずく形の輪を１つつくる

2 図のように、下側の水引で２つ目の輪をつくる

3 さらに３つ目の輪をつくり、図のように２つ目と１つ目の輪に通し、形を整えて完成

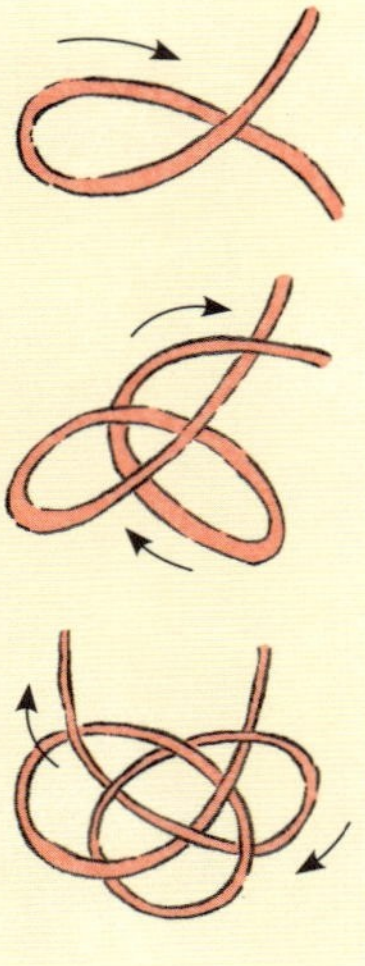

お雑煮

年神様から授かった「年魂《としだま》」を食べて力をもらう

年神様に供えた餅は「年魂」となり、食べると生命力が得られるといわれています。また、餅は稲の霊が宿るハレの日の食べ物。おめでたい餅を食べるための料理がお雑煮で、新年の若《わか》水《みず》で煮るとよいとされます。

「若水」って何？
元旦に初めて汲んだ水のこと。飲むと一年の邪気を払うといわれる。昔は井戸などから汲み上げたが、現代なら年初めの水道水でOK

［京都］丸餅／白味噌味
頭芋《かしらいも》や大根を丸く切り、家族円満を願う

［東京］角餅／しょうゆ味
焼き餅に鶏肉や青菜などを加えたすまし汁

［岩手］角餅／煮干しだし＆くるみだれ
2種類の味が楽しめる。イクラなどの海産物をのせることも

［香川］あん入り丸餅／白味噌味
砂糖が希少だった昔は、あん餅がごちそうだった

お餅の保存法

冷凍	餅は、つきたての場合、粗熱をとる。ラップで1個ずつ包み、保存袋に入れて空気を抜き、冷凍する
水餅	ついて２日目以降のかたくなった餅を使う。餅に粉がついている場合は水洗いし、保存容器に入れ、餅がつかるくらいの水を加える。ふたを閉めて、冷蔵庫で保存。水は毎日取り替える

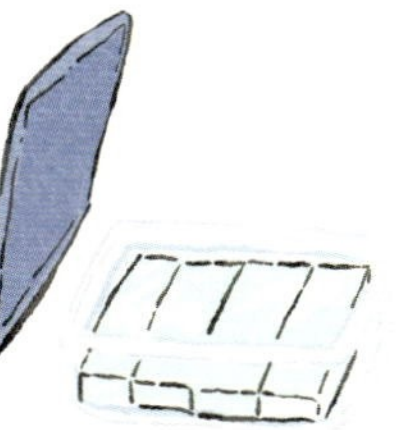

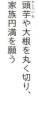

お正月遊び

子どもも大人も楽しく遊んで福を招く

人が集まることも多いお正月。お正月遊びは、日本の伝承遊びでもあります。子どもの知育に役立つだけでなく、世代を超えて楽しめるので、親子や祖父母と孫との交流にもぴったり。

凧《たこ》揚《あ》げや羽根つき、こま回しなどは、子どもの健やかな成長を願い、厄払いの意味が込められた遊びです。笑って楽しみ、福を呼び込む「福笑い」や、新年の運試しという意味もある「すごろく」、遊びながら自然に言葉が覚えられる「かるた」なども、お正月遊びの定番です。

年始の遊びとその意味

凧揚げ	中国から占いや戦いの道具として伝わり、平安貴族の遊戯として広がる。高く揚がるほど願い事が天に届き、子どもが元気に育つといわれる
羽根つき	羽根に使われるムクロジの実は「無患子《むくろじ》」と書いて、子どもが患《わずら》わないとされ、厄除けと健やかな成長を祈る。打ち損じると顔に墨を塗るのも、魔除けのおまじない
こま回し	物事が円滑に「回る」ことに通じる。うまく回ると、子どもが早く独り立ちできるともいわれる

いろいろなこまで遊んでみよう

「投げごま」
胴体に紐を巻きつけて回す

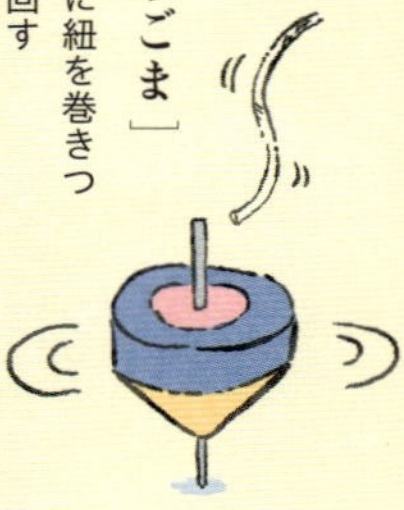

「ひねりごま」
指で軸を持って、ひねって回す

「手よりごま」
長い軸を両手の平ではさみ、すり合わせるようにして回す

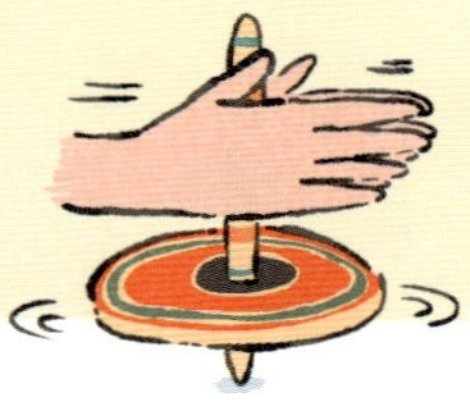

小寒《しょうかん》

1月5日頃

年が明け、寒さが一段と厳しくなります。この日を「寒の入り」といい、「小寒」と「大寒」を合わせた約1か月間を、「寒」「寒中」「寒の内」といいます。一年で最も寒い期間で、寒中見舞いを出すのもこの時期です。

空気が澄み渡り、さえざえとした夜空には、オリオン座を中心に、冬の星座がはっきりと見える時期でもあります。

季の句

よく光る高嶺《たかね》の星や寒の入り

村上鬼城《きじょう》

冬のあいさつ状を出す時期

■ **年賀状**

松の内（1月1～7日）。

※地域によっては～15日。

■ **寒中見舞い**

小寒（1月5～19日頃）と大寒（1月20日～2月3日頃）。

■ **余寒《よかん》見舞い**

立春（2月4日頃）から2月末頃まで。

「寒九《かんく》の水」で健康を祈る

寒に入って9日目（1月13日頃）を「寒九」という。一年で最も水が澄む日とされ、この日に汲んだ水は長寿を助け、薬を飲むのにもよいとされた

年初めの縁起のよいこと

新年に初めて行うことには、「初」「始」などの語が添えられます。
幸多き一年を願い、心持ちも新たに年初を過ごしましょう。

その年の運勢を占う夢

初夢

一般に1月2日の夜に見る夢のこと。昔は初夢で一年の運勢を占いました。縁起のよい夢の代表は、「一富士、二鷹《たか》、三茄子《なすび》」。よい夢を見るために、七福神を乗せた「宝船」の絵を枕の下に敷いて眠る風習や、眠る前に唱えるおまじないなどもあります。

よい夢を見るためのおまじない

「長《なが》き夜《よ》の　遠《とお》の眠《ねぶ》りの
みな目覚《めざ》め
波乗《なみの》り船《ぶね》の　音《おと》のよきかな」

反対から読んでも同じ「回文《かいぶん》」になっている

新年の抱負を書く

書き初め

新年の抱負やおめでたい言葉を、毛筆で書くこと。本来は、若水（P.17）で墨をすり、1月2日に行います。書き初めは15日の左義《さぎ》長《ちょう》（P.25）で燃やし、燃えかすが高く舞い上がると字も上達するといわれます。小さい子どもなら、墨で手形をとるのもおすすめ。

年始の防火・防災を祈る

出初め式

消防署・消防団が、年初に防火・防災を祈念する行事。江戸時代の火消しは、はしごの上から火災の状況を確認し、竿の先に飾りをつけた「纏《まとい》」で火消しの組名や火事をくい止める範囲を知らせたため、はしご乗りや纏振りの演技が行われます。

新年初めての競り

初競《はつせ》り

その年最初の、市場での競り売りのこと。中でも、例年1月5日に行われる東京都中央卸売市場の初競りが知られます。その日は、通常より割高な「ご祝儀相場」となるため、高値を記録する「一番マグロ」などが注目されます。

福袋でその年の運試し

初売り

新年初めての売り出しのこと。多くは1月2日に行われ、新年の運試しとして、中身がわからない「福袋」を売る店もあります。福袋は、江戸時代に越後屋（現在の三越）が、端切れを袋に詰めて販売したことが起源といわれます。

最初に開かれる茶会

初釜《はつがま》

初釜とは、「年が明けて初めて釜に火を入れる」ことで、新年最初の茶会のこと。一年の稽古始めともなる大切な会です。主に裏千家の茶菓子に使われる「花びら餅」は、薄い餅生地に紅色の菱餅を重ね、味噌あんと甘く煮たごぼうをのせて包んだもの。新春だけの縁起菓子です。

七草粥《ななくさがゆ》

1月7日

季の歌

君がため春の野に出《い》でて若菜摘む
我が衣手《ころもで》に雪は降りつつ

光孝《こうこう》天皇「古今和歌集」

1月7日の朝には、春の七草（7種の若菜）を刻んで入れた「七草粥」を食べ、無病息災を祈ります。五節句のひとつである「人日《じんじつ》の節句」の行事と、年始に若菜を摘み、それを食べて邪気を払う「若草摘み」の行事が結びついた風習といわれます。

春の七草がなければ、ねぎやほうれん草などでもかまいません。滋養のあるお粥で、年始のごちそうで疲れた胃腸をいたわりましょう。

「薺《なずな》打ち」って何？

ななくさ　なずな
とうどの　とりが
にほんの　くにに
わたらぬさきに
ストトントントン
ストトントン

各地に伝わる「七草囃子《ばやし》」を歌いながら、トントンとたたくように七草を刻むこと。

鏡開《かがみびら》き

1月11日

季の句

手力男《たぢからお》かくやと鏡開きけり

京極杜藻《きょうごくとそう》

「鏡開き」は、お正月の期間に年神様が宿っていた鏡餅を下ろし、開いて食べる行事です。一般的に、松の内が明けた11日に行われます。開いた餅は家族でいただき、無病息災を願います。刃物で「切る」のは切腹に通じるので縁起が悪く、槌などで「開く（割り砕く）」こと。小さなかけらも余さずいただきましょう。

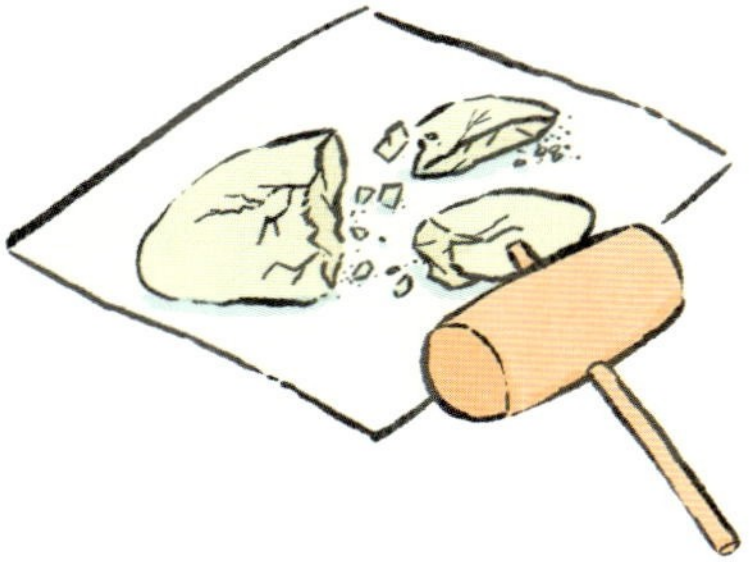

お下がりのお餅で簡単おしるこ

用意するもの

- 鏡餅…適量
- ゆで小豆缶（加糖）…１缶
- 塩…少々

1. 開いた鏡餅を水にくぐらせ、耐熱容器に入れる。ふんわりとラップをかけ、電子レンジで加熱する。餅がふくれ上がる手前くらいで取り出す
2. 鍋に小豆、小豆と同量の水を入れて火にかけ、かき混ぜながら加熱する。煮立ったら塩を加え、味を調える
3. ２に１を加え、ひと煮立ちしたら完成

小正月《こしょうがつ》

1月15日

季の句

小豆粥祝ひ納めて箸白し

渡辺水巴《すいは》

1月1日の「大正月《おおしょうがつ》」に対し、15日に行う正月行事を「小正月」といいます。小正月には、紅白の餅を柳の枝につけて桜の花に見立て、豊作を願う「餅花《もちばな》」を飾ります。桜の花は、稲の花の象徴です。また、小豆の赤色が邪気を払うとされる小豆粥を食べて、無病息災を祈ります。

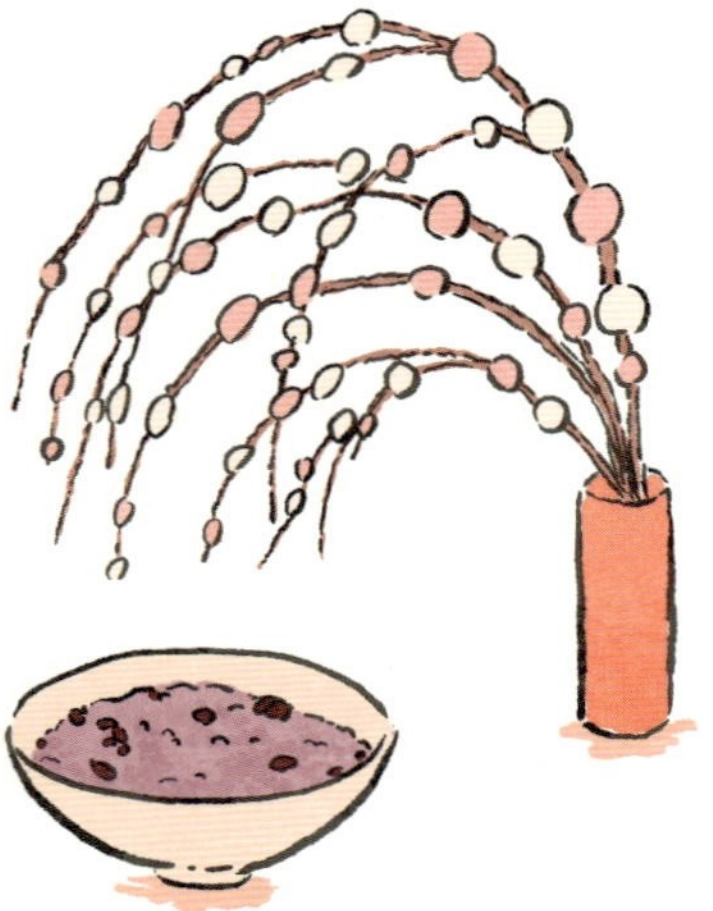

市販の切り餅で「餅花」をつくってみよう

用意するもの

- 柳の枝（なければ他の木の枝）
- 切り餅、片栗粉、食紅（赤）…各適量

1 切り餅を短冊状に切る。薄く水を張った耐熱容器に餅を並べ、電子レンジで30秒～１分ほど加熱する

2 餅が少しふくらんでやわらかくなったら、片栗粉を敷いた皿にとり、片栗粉をまぶす。半分取り分けて、食紅を混ぜ込み、赤い餅花をつくる

3 餅を適量取り、伸ばしながら一つずつ、枝に巻きつける。白と赤を交互につける

1月

左《さ》義《ぎ》長《ちょう》

1月15日

季の句

どんど焼きどんどと雪の降りにけり　小林一茶

左義長は、正月飾りを燃やす行事です。「三毬杖《さぎちょう》」とも書き、昔、「毬杖《ぎっちょう》」と呼ばれる杖を3本結んで立て、扇や吉書《きっしょ》などと共に燃やして邪気を払った「三毬杖《さぎちょう》」に由来します。「とんど」「どんど」などとも呼ばれ、燃え上がる炎で、年神様を天上に送る意味もあります。門松やしめ飾りのほか、書き初めやお餅、前年のだるまなども焼きます。左義長の煙に当たったり、この火で焼いたお餅を食べたりすると、健康になるといわれます。

「松の内」はいつまで？

年神様が家々に滞在する期間が「松の内」。一般的に1月1日から7日までだが、地域によっては15日までのところもある

大寒《だいかん》

1月20日頃

季の句

大寒の一戸《いっこ》もかくれなき故郷

飯田龍太

冷え込みが厳しく、寒さがこたえる時期です。ただ、ここを乗り越えれば春も間近。二十四節気の最後の節気です。

非常に寒い時期だからこそ、行われる風習もあります。「寒《かん》稽古《げいこ》」は、精神的な強さを身につけることを目的に、あえて寒中に行われます。また、豆腐を凍らせて乾かした「凍《こお》り豆腐(高野豆腐)」や、ところてんを凍らせて乾かした「寒天」は、昔は寒中ならではの製法でつくられる保存食でした。

寒中に行いたいこと

寒仕込み

寒中に、酒やしょうゆ、味噌の仕込みを行うこと。水や空気中に雑菌が少なく、仕込みに適した時期とされる。

寒稽古

寒中に、柔道や空手などの武道や、琴や三味線など芸事の稽古を行うこと。寒さに耐えて精進することで、技も心も鍛えられ、磨かれるとされる。

「寒蜆《かんしじみ》」や「寒卵《かんたまご》」を食べる

蜆は年中とれるが、寒中にとれる蜆は特に薬効があるとされる。同じく、寒中の卵も特に滋養があるとされ、どちらも寒い時期に好んで食された。

水煮大豆で手軽に！手づくり味噌に挑戦しよう

寒中は、味噌仕込みの最適期。冬は雑菌が少なく、衛生面でも安心ですし、気温が低いと熟成がゆっくり進むので、味に深みが出るといわれます。

材料（つくりやすい分量）

- 水煮大豆（食塩無添加、市販品）…固形量200g
- 乾燥麹…100g（大豆の半量）
- 塩…40g（全体の12％ほどが目安）

1 水煮大豆をボウルに入れ、マッシャーなどで粒がなくなり、ペースト状になるまでつぶす

2 別のボウルに麹を入れてよくほぐす。塩を加えてムラなく混ぜる

3 2に1を少しずつ加え、都度しっかりこねる。なじんだら、ボール状の味噌玉にまとめる

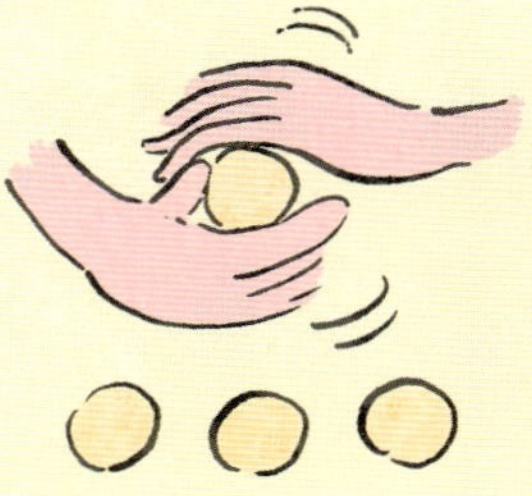

4 消毒した保存容器に、カビを防ぐため空気を抜きながら味噌玉を詰め、さらに手で押さえてすき間なく詰める

5 詰め終えたら表面全体に塩（分量外）をふり、すき間なくラップをかけて冷暗所に保存する

【味噌仕込みのポイント】

- カビ防止のため、保存容器は事前にホワイトリカーなど、度数35度以上のアルコールで消毒を
- 熟成途中は、ときどき様子をのぞき、もしカビが生えていたら、スプーンで取り除く

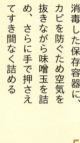

新年の主な行事・祭事

新しい年が始まる節目の月。各所でさまざまな行事が行われます。
「かるた始め式」や「歌会始《うたかいはじめ》」で日本の伝統文化にふれ、
縁起物を手に入れて、その年の開運を願ってみてはいかがでしょうか。

だるまに新たな願いを託す

だるま市《いち》

大小さまざまなだるまが並ぶ「だるま市」。年末年始から3月にかけて、各地で市が立ちます。訪れる人は、前年のだるまを納め、新年に願いを託すだるまを、新たに買い求めます。

平安装束でかるた取り

かるた始め式

1月3日に行われる、京都・八《や》坂《さか》神社の行事。平安装束をまとった人々が、百人一首を取り合います。神社の祭神であるスサノオノミコトが、日本最古の和歌を詠んだという言い伝えにちなみます。

えびす様に商売繁盛を祈願

十日戎《とおかえびす》

関西を中心に行われる「初恵比須《はつえびす》」の祭り。大阪・今宮戎《いまみやえびす》神社では、1月9～11日に行われます。「商売繁盛で笹持ってこい」と、威勢のいい囃子《はやし》が響く境内で、参拝客は、「福笹《ふくざさ》」に鯛や俵などの縁起物をつけてもらい、持ち帰ります。

新年最初の歌会

歌会始

新年最初に行われる歌会。歌会とは、人々が共通の題で和歌を詠み、その歌を披講《ひこう》する（よみあげる）会のこと。現在では特に、1月中旬に宮中で行われる歌会始が知られます。

大人になったことを祝う

成人の日

1月第2月曜日は、新成人が社会的に大人になったことを祝う「成人の日」。以前は20歳の若者が集って開かれた「成人式」ですが、成年年齢が18歳に引き下げられたことに伴い、各自治体で「二十歳のつどい」などと名称を改め、開催されています。

一年間の「嘘」を替える

鷽替《うそが》え

鷽の人形を、参詣者同士で交換したり、新しい鷽と引き替えたりする神事。前年の不幸が「嘘」になり、吉事に変わるとされます。福岡・太宰府天満宮で1月7日、東京・亀戸《かめいど》天神社で1月24・25日に行われるものが有名です。

2月

如月《きさらぎ》

語源は「衣更着《きさらぎ》」で、まだ寒さが残り、衣を「更に」重ね着することから。草木が芽吹く時期なので「生更木《きさらぎ》」とする説も。

2月の暦

3日頃	節分
4日頃	立春
8日	事八日《ことようか》
最初の午《うま》の日	初午《はつうま》
14日	バレンタインデー
19日頃	雨水《うすい》

季の花

ウメ

寒さの残る時期に花を咲かせる。ほかの花に先立って咲くことから「花の兄」と呼ばれる

アセビ

こぼれるように咲く姿と恋心を重ねて、万葉の時代にも歌に詠まれた

ネコヤナギ

早春の川辺で顔を出す、銀白色でふわふわの花《か》穂《すい》が猫のしっぽに似る

季の鳥

ウグイス

春を告げる声として、古来、「ホーホケキョ」の初音《はつね》が待たれた

メジロ

目の周りの白いリングが特徴。ウメやツバキの花の蜜が大好き

季の魚介

ワカサギ

凍った湖の氷に穴を開けて釣り糸を垂らす、ワカサギの「氷上釣り」は、冬の風物詩

アンコウ

冬場は産卵に向けて肥え、あん肝も肥大する。定番はあんこう鍋

季の果菜

フキノトウ

フキの花のつぼみで、春を代表する山菜。芳香とほろ苦さが特徴

ミズナ

寒い時期に味がよくなる。「水菜が並ぶと冬本番」といわれる

2月の季語

春隣《はるとなり》

冬の終わりの時期、春がすぐそばまで来ていると感じること。「春近し」「春待つ」ともいう

麦踏《むぎふみ》

麦の根張りをよくするために、早春に麦の芽を踏んで歩くこと

冴返る《さえかえる》

「冴《さ》ゆ」は、刺すような冬の寒さ。「冴返る」は、春先にゆるんだ寒さが、またぶり返すこと

節《せつ》分《ぶん》

2月3日頃（立春の前日）

豆をまき、鬼を追い払う日です。「節分」は本来、季節の分かれ目を示す言葉です。昔は、季節や年の分かれ目に邪気が入りやすいと考えられました。そのため、旧暦で「新年」を象徴する立春の前日である節分が特に重視され、邪気払いが行われるようになりました。

季の句

節分の豆をだまつてたべて居る

尾崎放哉《ほうさい》

一般的な豆まきの作法

1 事前に福豆（煎り大豆）を升《ます》に入れ、神棚に供えておく。神棚がなければ、目線よりも高い所に白い紙を敷いて供える

2 窓を開け、「鬼は外！」と、外に向けて豆をまく。鬼が戻らないよう、すぐに窓を閉める

3 「福は内！」と、室内に豆をまく。奥の部屋から順にまき、最後は玄関にまく

4 自分の「年齢＋1」の数の福豆を食べる。これを「年取り豆」といい、一年間の無病息災を祈る。食べきれない場合は福茶（P.33）にしても

2月

どうして豆をまくの？

大豆は五穀のひとつで、穀霊《こくれい》が宿るとされ、米に次いで神聖なものとされていました。また、米よりも大粒で、まいたときの音も大きいため、鬼を追い払う力も大きいと考えられたようです。豆まきには、乾燥豆ではなく煎り大豆を使いましょう。拾い忘れた豆から芽が出ると縁起が悪いためです。煎り大豆を「福豆」といいます。

北海道、東北、信越地方や九州の一部では、大豆の代わりに落花生をまく風習も

福茶のつくり方

1 湯呑みに、福豆３粒、梅干し１粒、塩昆布（または昆布の佃煮）適量を入れる

2 熱湯（または好みで緑茶）180㎖を注ぐ。豆がふやけるまで待っていただく

「鬼」って、どんなもの？

鬼は目に見えない邪気や災厄の象徴。かつては、災害や病、飢饉など、人智を超えた出来事は、鬼の仕業と考えられました。鬼は丑寅《うしとら》の方角にある「鬼門」からやって来て、牛（丑）の角に虎（寅）の牙を持ち、虎皮の服を着ているといわれます。

牛の角と虎の牙を持つ
虎の毛皮でできた服を着ている

鬼が苦手な「焼い嗅《か》がし」で魔除け

鬼は、鰯《いわし》の生臭い匂いと、柊《ひいらぎ》のちくちくとしたトゲが苦手。そこで、節分には、焼いて臭いを強くした鰯の頭を、柊の枝に刺して玄関先につけ、鬼を家に近づけないようにします。これを「焼い嗅がし」、または「ひいらぎいわし」といいます。この風習にちなんで、残った鰯の体の部分を行事食として食べる地域もあります。

福を巻き込んだ「恵方《えほう》巻き」を食べる

節分の日に、その年の恵方（年神様がいるとされる縁起のよい方角）を向いて食べる「恵方巻き」。「丸かぶり寿司」ともいわれ、七福神にちなんで7種の具を入れた太巻きが定番です。福を逃さないよう、包丁で切ってはいけません。心の中で願い事を唱えながら黙って食べると、願いがかなうといいます。元は大阪の風習ですが、近年、コンビニでの販売などの影響で、全国に広がりました。

7種の具材の例

- エビ　● ウナギ（アナゴ）
- かんぴょう
- 卵焼き（伊達巻き）
- シイタケ
- キュウリ　● 桜でんぶ

立春《りっしゅん》

2月4日頃

季の歌

袖《そで》ひちてむすびし水のこほれるを
春立つけふの風や解《と》くらむ

紀 貫之「古今和歌集」

暦の上では春の始まりです。立春は、旧暦では新しい一年の始まりを象徴する日。禅寺では、立春の朝に「立春大吉」と縦書きした紙を門に貼り出します。左右対称の文字は縁起がよく、厄除けになるといわれます。立春の日、家庭でも玄関などに貼ってみましょう。お札を頒布する寺社もありますし、自分で書いてもOK。「鎮《ちん》防《ぼう》火《か》燭《しょく》」のお札とセットで貼る場合もあります。

立春の縁起のよいお札で厄除けを

火を鎮める「鎮防火燭」

火災を鎮め防ぐ火伏《ひぶ》せのお札(絵のお札の「火」は略字)。立春大吉のお札は玄関の向かって右に、こちらは左に貼る

左右対称で災いを防ぐ「立春大吉」

玄関の外に向けて、目より高い位置に貼る。子ども部屋など大切な部屋に貼ってもよい

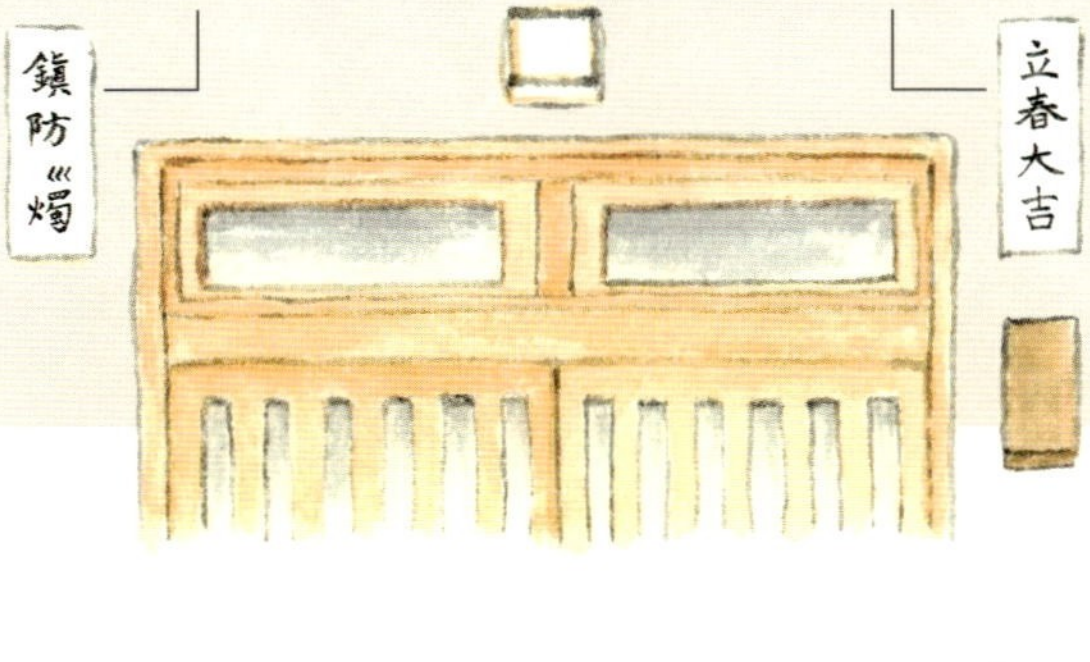

事八日《ことようか》

2月8日

季の句

糸しべののこれる針を供養かな

芝 不器男《ふきお》

2月8日と12月8日を「事八日」といい、事を始めたり納めたりする大事な日とされてきました。地域によってどちらかが「事始め」「事納め」になります。

事八日には、お世話になった道具を片づけ、感謝する風習があります。その代表が「針供養」で、折れたり錆びたりして使えなくなった針を、豆腐やこんにゃくなどに刺して供養します。女性の守り神とされる「淡島神《あわしまのかみ》」を祀る淡嶋《あわしま》神社を中心に、2月8日、または12月8日に、各地の社寺で行われます。その日は針仕事を休んで、裁縫の上達を祈願します。

「事八日」が2度ある理由

地域によって異なる「事始め」と「事納め」

「事八日」はコトノカミをまつる日で、それが正月に迎える年神様か農作業の田の神様かというちがいで日付が逆転する。年神様に関することなら12月8日が「事始め」、2月8日が「事納め」になり、田の神様に関することなら2月8日が「事始め」、12月8日が「事納め」となる。どちらになるかは地域によって異なるが、いずれも8日なので「事八日」と呼ぶ。

普段から針手入れの習慣づけを

針供養には、硬い生地を刺してきた針に、最後はやわらかいところで休んでもらいたいという気持ちが込められています。普段使いの針も、汗などの水分や塩分が付着したままだと錆びの原因に。しまう前に拭き取るなど、こまめにケアしましょう。

針を使い終わったら

- 乾いた布でよく拭く
- 針山に刺すか、針ケースにしまう
- 湿度の高くない場所に保管する

針通りが悪いときは

- 市販の「針磨き」で磨く
- ミシン油などをつけ、油分を補う

針を長持ちさせる針山

針山の中身は、脂分が多い羊毛（ウール）素材がおすすめ。羊毛フェルトで手づくりしても

事八日には「お事汁《ことじる》」で無病息災を祈る

「事八日」には、一つ目小僧などの妖怪や魔物が家に訪れるともいわれました。そのため、「お事汁」という汁物を食べて、魔除けと無病息災を祈願しました。ごぼう、にんじん、里芋、大根、こんにゃく、小豆の6種を入れた味噌汁で、「六質汁《むしつじる》」ともいわれます。

初午《はつうま》

2月最初の午の日

季の句

境内はまだ皆枯木一の午

高橋淡路女《あわじじょ》

「初午」は、各地の稲荷神社のお祭りです。穀物の神様である稲荷大神《いなりおおかみ》が、京都の稲荷山に降臨したのが2月初めの午の日だったことにちなみます。全国の稲荷神社の本社は、この稲荷山の麓にある伏見稲荷大社《ふしみいなりたいしゃ》です。初午の参拝は「福参り」とも呼ばれ、商売繁昌・家内安全を祈願する人々でにぎわいます。

初午に縁のある食べ物

いなり寿司

稲荷神《いなりしん》の使いである狐の好物とされる、油揚げやいなり寿司を供えたり、食べたりする。いなり寿司は東西で形がちがい、東日本は米俵に見立てた俵形、西日本では狐の耳に見立てた三角形が主流。

初午団子

養蚕が盛んな地域に多い行事食。初午には蚕の神様を祀る行事も行われたため、繭がたくさんできることを願い、繭の形の団子をつくる。

バレンタインデー

2月14日

季の歌

バレンタイン 君に会えない一日を
斎《いつき》の宮のごとく過ごせり

俵 万智「サラダ記念日」

バレンタインデーの発祥はイタリア。古代ローマ時代、皇帝が、兵士たちの士気を上げるため、彼らの結婚を禁じたことがありました。それを哀れんだバレンチノ司祭が、密かに結婚式を執り行った結果、処刑されてしまいます。やがて2月14日は、殉教者・バレンチノ司祭を祀る記念日となり、恋人たちが互いに愛を確かめ合う日になりました。

世界のバレンタインの風習

日本

女性から男性にチョコレートを贈る。1950年代頃からの洋菓子メーカーや百貨店によるキャンペーンがきっかけ。

アメリカ

男性から女性へ、プレゼントやばらの花束を贈ることが多い。家族や友人同士でもギフトを交換し、愛情を伝え合う。

フィンランド

「友達の日」と呼ばれ、友達と過ごすのが一般的。友達同士でギフトやカード、チューリップの花などを贈り合う。

雨水《うすい》

2月19日頃

季の歌

珍しき春にいつしか打ち解けて
まづ物いふは雪の下水《したみず》

源 頼政《よりまさ》「頼政集」

「雨水」は、二十四節気のひとつ。雪が雨へと変わり、積もった雪が溶け出す頃です。実際にはまだ雪深い土地も多いのですが、平野部では梅の花もほころび始め、春の足音が少しずつ聞こえてくるような時期です。

雛人形を出しそびれていた場合は、雨水を迎えた日に出すのもおすすめ。雛人形の起源は、厄を移して水に流す「流し雛」。「水が豊かになる雨水に、雛人形を飾り始めると良縁に恵まれる」ともいわれます。

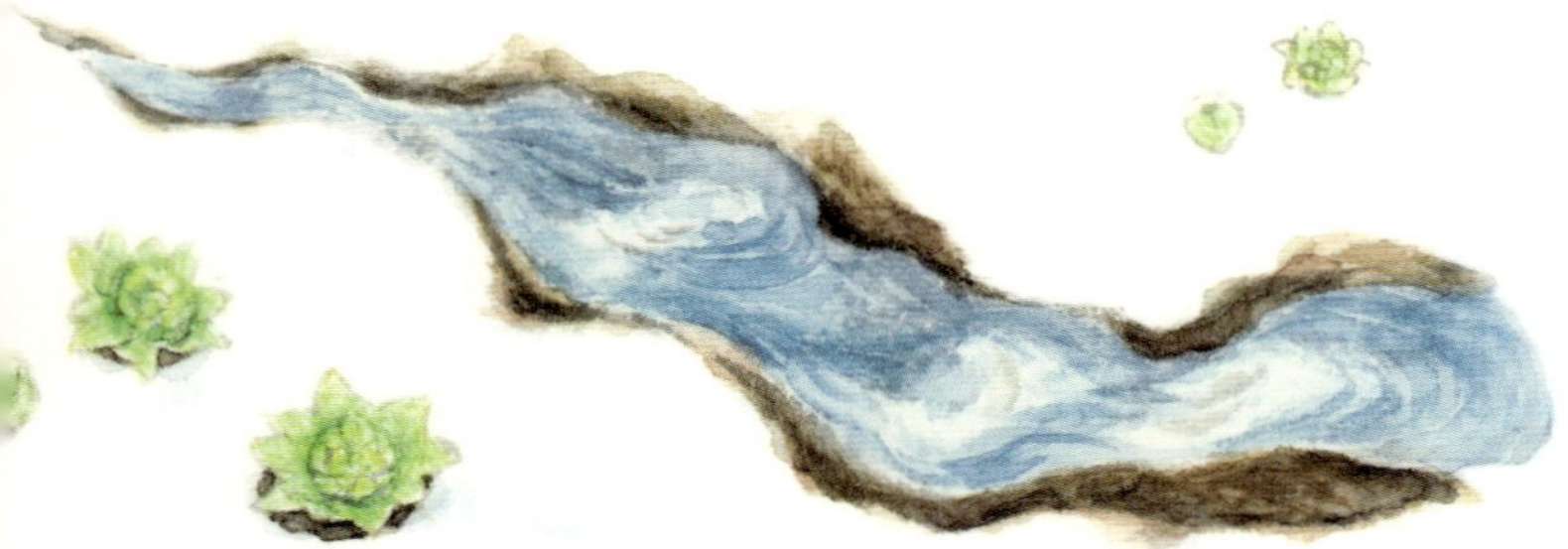

「東風《こち》」が吹く季節

春の訪れを告げる「東風」

春先に東から吹く風のこと。春を運んでくるともいわれる。

菅原道真の歌にも登場する春風

菅原道真が、大宰府に左遷される前、「東風《こち》吹かば匂ひおこせよ梅の花あるじなしとて春な忘れそ」と、自宅の庭の梅の木に歌を詠んだ。すると梅が、道真を追って大宰府に飛んできたという伝説が残る。

［菅原道真］

「春一番」が吹き荒れる頃

春一番とは、春先に吹く強い南風のことで、一般的には、立春から春分までの間に吹く風です。春の到来を告げる一方、突風や気温上昇を伴い、海難事故や雪崩などを起こすこともあります。春一番は、観測されない年もありますし、2番目、3番目の風が吹いて「春二番」「春三番」と呼ぶこともあります。

「春一番」の語源は？

1859年の早春、強い南風が吹き、長崎県の漁師53人が犠牲となる海難事故があった。以来、この風を「春一番」と呼んで警戒するようになったという説がある

「鶯《うぐいす》色」はどんな色？

「鶯色」と聞くと、多くの人が、ちょうど右ページの梅の木にとまった鳥のような色を思い浮かべるのではないでしょうか。しかし、この鳥は目白《めじろ》です。本来の鶯の羽の色はくすんだ黄緑色。また、やぶの中にいることも多く、あまり姿を現しません。花札の「梅に鶯」の鳥の描写や、「鶯餅」などの明るい黄緑色は、「萌黄色《もえぎいろ》」に近く、どちらかというと目白の色に着想を得たような印象です。

「鶯色」

「萌黄色」

両端をとがらせて鳥の形を模し、青きな粉をまぶした「鶯餅」

3月

弥生《やよい》

暖かな陽気に、木や草が「弥《いや》生い茂る（いよいよ生い茂る）」月ということから。「桜月《さくらづき》」「花見月」の名前も。

3月の暦

3日	雛祭り／上巳《じょうし》の節句
6日頃	啓蟄《けいちつ》
8日	ミモザの日（国際女性デー）
14日	ホワイトデー
18日頃	彼岸の入《い》り（彼岸の最初の日） 彼岸の期間は7日間
21日頃	春分の日（彼岸の中日《ちゅうにち》）
24日頃	彼岸明け（彼岸の最後の日）

季の花

ジンチョウゲ

十字形の花が、鞠《まり》のように集まって咲く。芳香で春の訪れを告げる

コブシ

高い梢に白い花をつける。昔は、開花を田仕事を始める目安にした

レンギョウ

枝いっぱいに黄色の小花を咲かせる。詩人の高村光太郎も愛した花

季の鳥

シジュウカラ

春先に「ツピツピツピ」と囀《さえず》る。住宅地などでもよく見られる

エナガ

ひしゃくの柄のように長い尾が特徴。春の繁殖期には、苔《こけ》などを集めた丸い巣をつくる

季の魚介

サワラ

漢字では「鰆《さわら》」と書き、産卵のため、春に瀬戸内海に入る。特に西日本で親しまれる魚

ワカメ

寒中に成長したワカメが食べ頃になる時期。収穫したての生ワカメは、春だけの味覚

季の果菜

新タマネギ

春先だけ出回る早生《わせ》品種。甘みがあってみずみずしく、生食に向く

ナバナ

ナノハナなどのつぼみや花茎のこと。ほろ苦さを生かし、お浸しや天ぷらで楽しむ

3月の季語

春泥《しゅんでい》

春の雨や雪解け水によるぬかるみのこと。特に北国では、雪の下から現れる土に春を感じる

鳥雲《とりくも》に

雁《かり》や鴨《かも》など、秋に渡ってきた冬鳥たちが、北へと帰る。鳥たちが雲に隠れて見えなくなる様子

木《こ》の芽時《めどき》

陽気に誘われて、木の芽が萌え出る頃。気温の変化が大きく、体調を崩しやすい時期でもある

雛《ひな》祭《まつ》り

3月3日

季の句

裏店《うらだな》やたんすの上の雛祭

高井几董《きとう》

雛祭りは、雛人形を飾り、女の子の健やかな成長を願う行事です。起源は古代中国の「上巳《じょうし》節《せつ》」。季節の節目に水辺で穢《けが》れを払い、無病息災を願う風習です。平安時代には宮中行事として取り入れられ、紙の人形《ひとがた》で自分の体をなでて穢れを移し、川や海に流すようになりました。

やがて、この風習が社会に広がり、「端午《たんご》の節句」（P.72）と対になる、女の子の節句として定着し、人形は、流すものから飾るものへと変化しました。

雛人形の用語集

親王《しんのう》飾り

男雛と女雛の一対を飾る。「内《だい》裏《り》雛」ともいい、御所（内裏）に住まう天皇、皇后の姿を模す。本来の並べ方は、左上位の考え方に基づき、男雛が左側（向かって右）、女雛が右側（向かって左）だが、昭和期に国際マナーに合わせ、左右反対にする場合が増えた。

関東雛《かんとうびな》と京雛《きょうびな》

「関東雛」は比較的はっきりした顔立ちで、向かって左が男雛。京都でつくられる「京雛」は、切れ長の目におっとりとした顔。伝統を重んじ、向かって右に男雛を並べる。

段飾り

内裏雛に、三人官女、五人囃《ばや》子《し》、随身《ずいじん》、仕丁《しちょう》を加えた「十五人飾り」、三人官女のみを加えた「五人飾り」などがある。

さまざまな種類の雛人形

雛人形のルーツは、大きく分けて２つ。人間の厄を引き受ける「人形《ひとがた》」と、平安貴族の子どもたちが楽しんだお人形遊び「ひいな遊び」です。２つが結びつき、さまざまな雛人形が生まれました。

吊るし雛

布でつくった縁起物を吊るす。それぞれに「延命長寿」「安産」などの願いを込める。静岡県伊豆《いず》稲取《いなとり》地区のものなどが知られる

立ち雛

男女一対の立ち雛は、雛人形の原型。最初は紙でつくったものだったが、徐々に豪華になった

流し雛

わらで編んだ桟俵《さんだわら》に、男女一対の雛をのせて川に流し、無病息災を祈る

三人官女

内裏に仕える女官たち。中央は女官長で、眉をそり、お歯黒をした既婚者の姿。盃をのせた三方《さんぼう》（または祝儀で飾る「島台《しまだい》」）を持つ。向かって右の女官はお酒を注ぐ「長柄銚子《ながえのちょうし》」を、左の女官は銚子に酒を加える「提子《ひさげ》」を持つ。

五人囃子

お囃子の演奏をする。向かって左から太鼓《たいこ》、大鼓《おおつづみ》、小鼓《こつづみ》、笛、謡《うたい》。雅楽を奏する五楽人《ごがくじん》の場合も。

随身

警護する人たち。向かって左の若者がいわゆる「右大臣」で、右の老人が「左大臣」。

仕丁

宮中の雑用をする３人。怒り上戸《じょうご》に泣き上戸、笑い上戸。

左近《さこん》の桜《さくら》・右近《うこん》の橘《たちばな》

京都御所内に植えられた桜と橘を表したもの。正殿《せいでん》から見て左に桜、右に橘を配する。

3つの色に込められた願い

古くから雛祭りには、草餅を食べて健康長寿を願う風習がありました。やがて、蓬《よもぎ》の緑（厄除け）・菱《ひし》の実を入れた白（清浄）・梔子《くちなし》の実で染めた赤（厄病除け）の3色の菱形の餅で、子どもの健やかな成長を願うように。また、3色は「雪（白）の下に新芽（緑）が芽吹き、桃の花（赤）が咲く」という春の情景を表します。

雛祭りならではの行事食を食べよう

かつては、3月3日に野遊び・磯遊びをする風習がありました。その際に、菱餅を砕いて揚げ、携帯したものが、雛あられの起源といわれます。ちらし寿司は、えび、れんこんなどの縁起のよい具が祝いの席にふさわしいため。潮汁《うしおじる》は、磯遊びでとった貝を供えたことから。はまぐりなどの二枚貝は、対の貝殻しか合わないことから、仲睦まじい結婚生活が送れるともいいます。白酒《しろざけ》は、「百歳《ももとせ》」に通じる桃《とう》の花を酒に浮かべて飲む「桃《とう》花酒《かしゅ》」が起源とされます。

［雛あられ　関東風］

［雛あられ　関西風］

関東は、ポン菓子のような甘いあられが定番。関西は、しょうゆなどで味つけした丸いあられ

［ちらし寿司］

［はまぐりの潮汁］

［白酒］

古来、3月3日に行われた「曲水《きょくすい》の宴《えん》」

「曲水の宴」は、中国から「上《じょう》巳《し》節《せつ》」（P.44）の風習が取り入れられた際に、貴族の間で行われるようになりました。

参加者は、曲がりくねった小川のほとりに座り、上流からお酒の入った盃を流します。その盃が自分の前を通り過ぎないうちに漢詩や和歌をつくり、その盃をとってお酒を飲みます。本来はお祓いの意味がありましたが、やがて3月3日の風流な遊びとして、楽しまれるようになりました。大伴家持が歌を詠んだことや、藤原道長が自邸で開催したことも記録に残ります。

雛人形をしまうのはいつ？ どうやって？

お雛様をしまい忘れると婚期が遅れるという言い伝えもあり、片づけは3日の晩か、翌日の4日が理想です。難しい場合は、季節の節目という意味で、春分（3月21日頃）までには片づけましょう。

しまうときの注意点

- 天気がよい日にしまう
- 人形や道具は、毛バタキなどでやさしくほこりを払い、布手袋をつけた手で収納する

啓蟄《けいちつ》

3月6日頃

季の句

啓蟄やただ一疋《いっぴき》の青蛙《あおがえる》

原 石鼎《せきてい》

二十四節気の「啓蟄」の時期。啓蟄には、「冬ごもりをしていた虫たちが、土の中から出てくる」という意味があります。「虫」には、ヘビやトカゲ、カエルなども含まれます。春の陽気に誘われて、生き物たちが穴からはい出してくる季節です。

この時期には、「お水取り」とも呼ばれる、東大寺二月堂の法会《ほうえ》も行われます（3月1～14日）。大きな松明《たいまつ》を振って火の粉を散らす「お松明」が有名。奈良に春の訪れを告げる行事です。

啓蟄の頃の季節の言葉

虫出しの雷

立春の後に、初めて鳴る雷。啓蟄の頃に鳴り、冬眠中の虫を穴から誘い出すという。

水温《ぬる》む

春になって寒さがゆるみ、池や川の水が少し温まった様子。水草が生え、魚が活発になる。

北窓《きたまど》開く

冬の間、寒気や北風を防ぐために閉じていた北側の窓を、春になって開くこと。

3月

この時期ならではの春の味覚を楽しんで

春キャベツと新玉ねぎは、みずみずしくてやわらかく、生食にもぴったり。新じゃがいもは、皮が薄く香りがよいので、皮ごと使うのがおすすめです。成熟前のえんどう豆を若採りした絹さやも、出荷が増えるのは春です。海では、わかめも収穫期。日持ちしない生わかめは、春限定の味覚です。

生わかめはしゃぶしゃぶに

水で洗い、食べやすく切った生わかめを、しゃぶしゃぶの具材に加えるだけ。だしにさっとくぐらせるだけで食べられる。生のわかめが、茶色から鮮やかな緑に変わる様子も楽しい

花粉症の症状がピークを迎える時期

スギやヒノキの花粉の飛散量は、例年2～4月にピークを迎えます。特に、花粉が飛びやすい日や時間帯は要注意です。飛散の多い時間帯は一日2回。まず、早朝に山林から飛散した花粉が市街地に到達する昼前後。そして、気温の低下による空気の対流で、上空の花粉が落ちてきて地上の花粉が舞い上がる夕方頃といわれます。

花粉が飛散しやすい日

- 晴れて風が強い日
- 雨上がりの晴れた日
- 気温が高い日

ミモザの日《ひ》

（国際女性デー）

3月8日

季の詩

人よ、ああ、唯《ただ》これを信ぜよ。
すべて眠りし女《おなご》
今ぞ目覚めて動くなる。

与謝野晶子《よさのあきこ》「そぞろごと」

3月8日は国際女性デー。ジェンダー平等の実現と、女性の生き方について考える日です。

イタリアではこの日、女性にミモザの花を贈る風習があるため、「ミモザの日」とも呼ばれます。ミモザは、ふわふわとした黄色い花を房状に咲かせる「フサアカシア」や「ギンヨウアカシア」の通称。近年は日本でも、春を告げる花として、広く愛されています。花の色から、国際女性デーのシンボルカラーも黄色となっています。

どんな日？　国際女性デー

女性の参政権を求めるデモが行われた

国際女性デーは1975年、女性の社会参加と地位の向上を目指し、国連により定められた。3月8日という日付は、1904年にニューヨークで、女性労働者が参政権を求めてデモを行った日にちなむ。

イタリアでは女性にミモザの花を贈る

この日、イタリアでは、男性がパートナーや母親、祖母、友人など、自分が大切に思う女性にミモザの花を贈る。女性たちも、この日は普段の仕事や家事、育児から離れ、外食などの外出を楽しむそう。

ホワイトデー

3月14日

季の句

うららかや猫にものいふ妻のころ

日野草城《そうじょう》

ホワイトデーは、バレンタインデーに贈り物をもらった男性が、相手にお返しをする日とされています。実は、バレンタインと同じく、この風習は日本独自のものです。1980年代、お菓子業界が、バレンタインの1か月後にキャンディやマシュマロのお返しをすることを提唱。それが「ホワイトデー」として定着したとする説が一般的です。日本の影響を受けた韓国でも、同様の風習が広まっているようです。

日本には、「内祝い」「香典返し」など、贈り物に対するお返しの文化が根づいています。もらいっぱなしでは心苦しい、と感じる人も多かったのかもしれません。

ホワイトデーのギフトアイデア

スイーツ

マカロンやクッキー、ケーキなどが定番。非日常感のある高級スイーツも喜ばれる。

春の花束

定番のばらのほか、アネモネ、ラナンキュラス、スイートピーなど春の花でまとめても。

ケアグッズ

入浴剤やハンドクリームなどのケア用品も喜ばれる。変わり種でツボ押しグッズなども。

桜モチーフの小物

桜の開花を控えて、ラインナップも充実している時期。贈りたいものが見つかりそう。

春分《しゅんぶん》

3月21日頃

季の句

毎年よ彼岸《ひがん》の入《いり》に寒いのは　正岡子規

春分の日は、太陽が真東から出て真西に沈む日。昼夜の長さがほぼ等しくなる日で、二十四節気のひとつです。

春分と、秋の秋分の時期には「お彼岸」があり、先祖供養をする風習があります。春の彼岸は、春分の日を中日《ちゅうにち》として、その前後の3日を合わせた7日間。最初の日を「彼岸の入《い》り」、最後の日を「彼岸明け」といいます。「暑さ寒さも彼岸まで」といわれるように、寒さが和らぎ、本格的な春が始まる時期です。

お彼岸にしたいこと

仏壇のそうじ

彼岸の入りには、仏壇・仏具をそうじして、生花や故人の好物などを供える。

墓参り

彼岸の期間中に、できれば家族で墓参りをする。まずは墓石を拭き、草取りなどをして墓をそうじする。花をいけ、水鉢に水を注ぎ、供え物や線香を供えて拝む。

「彼岸会《ひがんえ》」に参加する

菩提寺《ぼだいじ》（墓がある寺）が、法要を行う場合は参加する。

春は「牡丹餅《ぼたもち》」、秋は「お萩《はぎ》」

お彼岸のお供え物といえば、ぼた餅とおはぎ。甘いものが貴重だった昔は特にごちそうで、必ずお供えしました。春は牡丹の花にちなんで「牡丹餅」、秋は萩にちなんで「お萩」と呼ばれます。基本的には同じものですが、秋に収穫した小豆を使うので、春のぼた餅は、豆のかたくなった皮を除いたこしあん、秋のおはぎは皮ごと使う粒あんでつくっていました。

夏と冬も季節で呼び名が変わる

餅のように杵《きね》でつかないことから、別の呼び名も。夏は「(夜の闇で) いつ着いたのかわからない」ので「夜船《よふね》」、冬は「(北向きで) 月を知らない」ので「北窓《きたまど》」とも呼ばれる

お彼岸に墓参りをするのはなぜ？

仏教では、悟りの世界である「あの世」を「彼岸」、私たちが生きる「この世」を「此岸《しがん》」といいます。彼岸は西、此岸は東にあるとされます。太陽が真東から昇って真西に沈む春分と秋分は、彼岸と此岸が最も通じやすくなると考えられて、先祖供養をするようになりました。ほかの仏教国にはない、日本独自の行事です。

4月

卯月《うづき》

旧暦の卯月は新暦の５月頃で、卯の花（ウツギ）が盛りになるため。稲の苗を植える月なので「植月《うづき》」という説も。

4月の暦

1日	エイプリルフール 罪のない嘘をついても許される日
5日頃	清明《せいめい》
8日	花祭り（灌仏会《かんぶつえ》）
3月下旬～4月下旬	イースター 春分の後の、最初の満月の日の次の日曜日
13日	十三参り
20日頃	穀雨《こくう》

季の花

サクラ

「花七日《はななぬか》」ともいわれ、1週間前後で散ってしまうはかなさも魅力

ユキヤナギ

ヤナギのように枝垂れた枝に、積もった雪のような白い小花が咲く

ナノハナ

明るい黄色が野を彩る。実から油がとれるため、「アブラナ」の別名も

季の鳥

ツバメ

夏鳥として南から訪れ、繁殖を行う。民家の軒などに、土やわらでお椀形の巣をつくる

ヒバリ

春先に雄が空高く舞い上がり、「ピーチュルピーチュル」と囀《さえず》る様子を「揚雲雀《あげひばり》」と呼ぶ

季の魚介

ホタルイカ

体長10cm 前後の小さなイカ。海の中でホタルのように光を放つ。産卵直前の４月が旬

アサリ

産卵を控えて身が大きくなる４～５月が旬。ちょうど最盛期の潮干狩りの主役

４月の季語

山笑《やまわら》う

木々が芽吹き、花が咲いて、生気が満ちたように明るくなる春の山の様子をたとえた言葉

百千鳥《ももちどり》

いろいろな鳥が群れて囀ること。春を迎えた野山は早朝から、鳥たちの声でにぎやか。「囀《さえずり》」も春の季語

朧《おぼろ》

春の大気が水蒸気を含み、景色がかすんだように見える様子。昼なら「霞《かすみ》」、夜は「朧」という

季の野菜

タケノコ

独特の香りと食感は春限定。鮮度が命なので、なるべく早く調理して

春キャベツ

水分が多く、やわらかくて甘みがある。生食にもぴったり

清《せい》明《めい》

4月5日頃

季の歌

あさみどり糸よりかけて白露《しらつゆ》を
玉にもぬける春の柳か

遍昭《へんじょう》「古今和歌集」

二十四節気の「清明」の始まりです。清明は、「清浄明潔《せいじょうめいけつ》」を略した言葉で、全てのものが清らかで生き生きしているという意味。その言葉通り、さまざまな花が咲き、木々は芽吹き、生き物が元気よく動き回る時期です。燕《つばめ》が南から渡って来て、巣をつくり、やがて子育ての時期を迎えます。代わりに雁《かり》や鴨《かも》などの冬鳥は、北へと帰っていきます。

沖縄の伝統行事「シーミー」

沖縄では、先祖供養の行事である、シーミー（清明祭）が行われる。沖縄ならではの大きな墓に親戚一同が集まり、墓そうじとお参りをした後、墓の前で宴会を開く

春の野に摘み草に出かけよう

春の季語である「踏青《とうせい》」には、春の青草を踏んで遊ぶ、春の野遊びという意味があります。昔は、芽を出したばかりのやわらかい若菜を摘む、摘み菜の場でもありました。現在でも、河原や土手、田畑のあぜ道、山沿いの草地など、比較的身近な場所で摘むことができる野草や山菜があります。

　食べるときはよく洗ってから。アクがある場合は、調理前に、水にさらしたりゆでたりして、アクを抜きます。食用の野草によく似た有毒植物もあるので、初心者は摘み慣れた人と一緒に出かけると安心です。

食べられる春の野草の例

- ツクシ
- タンポポ
- ヨモギ
- フキノトウ（フキ）
- ワラビ

※ヨモギは毒性があるトリカブトの若葉に、フキノトウは同じく毒性があるフクジュソウの若芽に似ている。採取の際には注意を

春の草花で押し花を楽しもう

摘んできた草花を押し花にして、長く楽しむ方法もあります。厚みがあまりなく、水分が少ない草花が適しています。初心者には、タンポポやクローバー、スミレ、サクラなどがおすすめです。

押し花のつくり方

1 新聞紙にティッシュを重ねた上に、草花を並べる

2 さらにティッシュ、新聞紙の順で重ね、辞書や図鑑など、分厚い本の間にはさむ。１週間ほどおき、草花が乾燥すれば完成

春の味覚を味わってみよう

春の味覚の定番、たけのことつくし。下処理が面倒なイメージもありますが、手順を覚えれば意外と簡単。手に入ったら、ぜひ挑戦を。

たけのこのアク抜き

鮮度が落ちやすいので早めに下ごしらえを

［用意するもの］ たけのこ…１本 ／ 米ぬか…１カップ ／ 赤とうがらし…１本

1
たけのこは洗って汚れを落とし、全長の5分の1を目安に、穂先を斜めに切り落とす

2
1～2㎝ほどの深さで縦に切れ目を入れる

3
鍋にたけのこ、米ぬか、とうがらしを入れ、かぶるほどの水を入れる。強火にかけ、沸騰したら落としぶたをして、弱火で1時間程ゆでる

4
根元の太い部分に竹串を刺して、すっと通るようなら火を止め、そのまま完全に冷ます

5
たけのこを取り出し、可食部まで皮をむく。水に浸して冷蔵保存すれば、数日は持つ

料理例
・たけのこご飯
・若竹煮
・たけのこの味噌汁　など

つくしの下処理

1
つくしの節《ふし》についている「はかま」を1つずつ取り外す

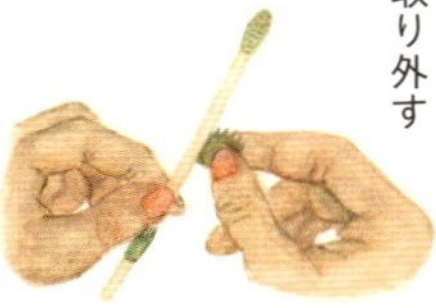

2
つくしを水にさらす。2～3回、水を替えながら、砂などの汚れをしっかり落とす

3
鍋にたっぷりの湯を沸かし、つくしを入れる。20～30秒ほどゆでたら、ざるに上げ、水にさらす。2～3回、水を替えながら、1時間ほどさらし、水気をきる

料理例
・卵とじ
・炒め物
・つくしご飯　など

花祭《はなまつ》り

4月8日

季の句

ぬかづけば我《われ》も善女《ぜんにょ》や仏生会《ぶっしょうえ》

杉田久女《ひさじょ》

花祭りは、別名を「灌仏会《かんぶつえ》」「仏生会」ともいい、お釈迦様の誕生を祝う行事です。寺院では、この日に法要が営まれます。

お釈迦様は昔、4月8日にルンビニ（現在のネパール）の花園で生まれたといわれます。その花園に見立てて、花で飾られた「花御堂《はなみどう》」がつくられ、中に安置された「誕生仏《たんじょうぶつ》」に、参拝者が甘茶《あまちゃ》（アマチャの葉を煎じたお茶）を灌《そそ》いで祝います。これは、お釈迦様の誕生の際に、竜王が甘露《かんろ》の雨を降らせたという伝承を表したもので、産湯という意味もあるようです。

花祭りを知るキーワード

誕生仏

釈迦は生後すぐに7歩歩き、右手で天を、左手で地を指して「天上天下唯我独尊《てんじょうてんげゆいがどくそん》（生きとし生けるものは全て尊い存在である）」と言ったそう。その姿を表す小さな仏像。

白い象

釈迦の誕生の象徴。釈迦の母親の摩耶《まや》王妃は、白い象が体に入る夢を見て、釈迦を身ごもったという。

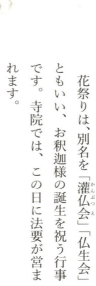

世の中に
たえて桜のなかりせば
春の心は
のどけからまし
在原業平《ありわらのなりひら》「古今和歌集」

お花見のあれこれ

平安時代から始まる「花見」の歴史

日本では平安時代から、「花」といえば桜のことを指しました。当時の貴族が桜を愛でて歌を詠み、宴を開いたことが、「花見」の始まりといわれます。この時期、「いつ咲くか」「いつ散るか」と、なんとなく気ぜわしく過ごしてしまうのも、昔から変わらない、人の心のようです。

花見の風習が庶民にも広まったのは、江戸時代の頃。幕府主導で、江戸に多くの桜の名所が生まれました。古くは徳川家光が、奈良の吉野に模して、上野に桜を植樹させたそう。その後、徳川吉宗が、隅田川や飛鳥山などに数千本の桜を植樹し、庶民のお花見を奨励。春の行楽として根づいていきました。

ソメイヨシノだけでない桜の花

日本で昔から愛されてきた桜には、園芸品種も多く存在します。古くから詩歌に詠まれてきた桜は、「吉野の桜」をはじめ、日本に自生していたヤマザクラを指します。現在最も一般的なソメイヨシノは、江戸末期につくられた、オオシマザクラとエドヒガンの雑種です。

ソメイヨシノ（染井吉野）

接ぎ木で増え、どの木も遺伝子が同じ。環境条件がそろえば、一斉に開花する

ヒカンザクラ（緋寒桜）

赤紫色の花がつく、早咲きの桜。沖縄では１月頃開花する。別名カンヒザクラ

ギョイコウ（御衣黄）

緑がかった八重咲きの花。「御衣黄」と書くように、花色を貴族が着る萌黄《もえぎ》色の衣に見立てた

ヤマザクラ（山桜）

薄いピンクの花と赤みがかった若葉が同時に開く。古来、日本の桜の代表種だった

シダレザクラ（枝垂れ桜）

枝が垂れ下がる桜の総称。野生種の交配で生まれた。薄いピンク色が多い

オオシマザクラ（大島桜）

白い花と若葉が同時に開く。葉は塩漬けにして、桜餅に使われる

花見に欠かせない春の和菓子

3色の花見団子は、桜色が春の喜び、白が冬のなごり、緑が夏の兆しを表すそう。桜餅は、小豆あんのお餅を、オオシマザクラの葉の塩漬けで巻いたもの。関東では「長命寺《ちょうめいじ》」と呼ばれるクレープ状、関西では餅米の粒感が残った「道《どう》明寺《みょうじ》」と呼ばれる生地が主流です。

関東風
［長命寺 桜餅］

花見団子

関西風
［道明寺 桜餅］

豊作祈願と共にあったお花見

春は、冬の間に山に帰っていた田の神様が、里へと降りてくる時期。古い昔、農業に携わる人々にとって、桜の開花は田の神様がやって来た印でもありました。

桜は田の神様の依り代《よりしろ》とされ、花が咲くと人々は木の周りに集まり、料理や酒を用意して神様をもてなしました。花の咲き具合でその年のお米の出来高を占い、豊作祈願をすることもありました。また、開花の時期を、稲の種モミをまく時期の目安にしました。

かつての「お花見」は、花を愛でるだけでなく、田の神様と共に春を喜び、豊作を願う行事でもあったのです。

おめでたい席に桜湯《さくらゆ》

桜の花（ヤエザクラ）の塩漬けは、お湯を注げば花が開き、風雅な桜湯になります。結納などの祝いの席では、煎茶は「お茶を濁す」と敬遠されて、桜湯が使われます。

桜湯のつくり方

1 桜の花の塩漬けを、ぬるま湯に3分ほど浸して塩抜きする（湯はとっておく）

2 花を湯呑みに入れ、新しい湯を注ぐ。塩気が足りなければ、1の湯を適宜加える

桜にまつわる言葉たち

桜が咲く頃を「花時《はなどき》」といいますが、日本語には桜にまつわる美しい言葉が数多くあり、日本人の桜に対する深い愛を感じます。お花見の際にも使ってみたい、風流な言葉を集めました。

花筵《はなむしろ》

花見の宴席を設けるために敷いた敷物のこと。花びらが地面に散り敷いた様子をたとえていうこともある

花の雲

桜の木が幾重にも重なり合って咲き誇り、遠くから見るとまるで白い雲のように見える景色。「花の雲　鐘は上野か　浅草か」（松尾芭蕉の句）

花衣《はなごろも》

花見のときに着る衣装のこと。ちなみに、和服で行くときは、本物の花を引き立てるため、桜が大きく目立つような柄は避けるのが粋

花曇《はなぐも》り

桜の咲く時期の、曇った天気のこと。曇天が花を育てるという発想から「養花天《ようかてん》」とも

花疲《はなづか》れ

花見の後の疲れ。心浮き立つ催しの後だからこそ、感じる気だるさ

花筏《はないかだ》

水面に散った花びらが、吹き寄せられ流れていく様子を、筏に見立てた

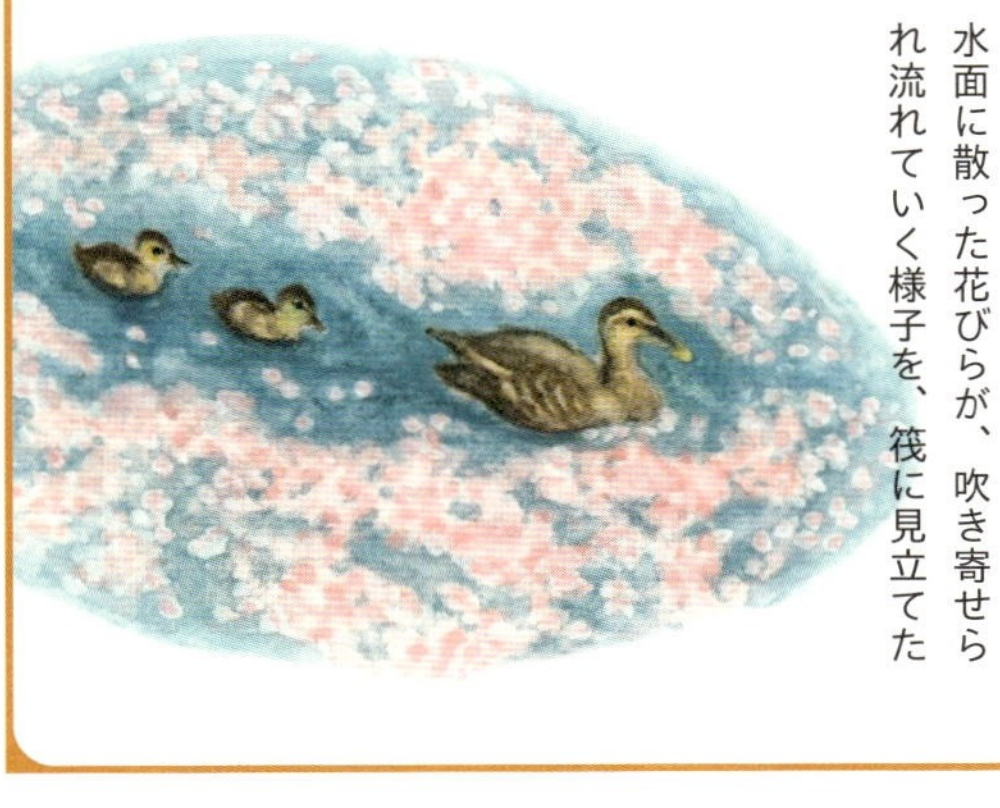

イースター

3月下旬～4月下旬

イースターの日は、春分の日（3月21日頃）後の、最初の満月の日の次に迎える日曜日※。毎年日付が異なります。

日本語では「復活祭」と訳され、十字架にかけられて処刑されたキリストが、復活したことを祝うお祭り。キリスト教における重要な行事のひとつです。「イースター（Ｅａｓｔｅｒ）」という呼び名は、春の女神「エオストレ（Ｅｏｓｔｒｅ）」に由来し、春の訪れを祝う日でもあります。

シンボルは卵とうさぎ。卵（イースターエッグ）は生命や復活、多産のうさぎ（イースターバニー）は繁栄の象徴です。この日の食卓には卵料理が欠かせません。

季の句

藪を透《す》く桃のさかりよ復活祭　木下夕爾《ゆうじ》

イースターの定番の楽しみ方

■イースターエッグを飾る

カラフルにペイントした卵を、バスケットなどに盛りつけて飾る。ゆで卵や卵形のチョコレートが使われることが多い。

■エッグハント

庭や部屋の中に、イースターエッグや菓子の詰まった卵形の箱などをかくし、子どもたちが探すゲーム。

※キリスト教の教会暦に合わせるため、日本の暦とは合致しない場合もあります。

十三《じゅうさん》参り

4月13日

数え年の13歳（満12歳）に、知恵を授けてくれるという虚空蔵菩薩《こくうぞうぼさつ》に参拝する伝統行事。平安時代、当時の清和《せいわ》天皇が13歳になったとき、成人の証しとして京都・嵯峨の法輪寺《ほうりんじ》で法要を催したことが発祥といいます。主に関西圏で大切にされてきた行事ですが、近年は他地域にも広がりつつあります。

お参りでは、好きな漢字一字を書いて奉納するのが習わし。「帰る途中で振り返ると、授かった知恵が戻る（落とす）」とされ、寺院を出るまで（法輪寺では、渡月橋《とげつきょう》を渡りきるまで）、振り返らないようにする風習もあります。

季の句

はじめての嵯峨《さが》に十三参りかな

松瀬青々《せいせい》

十三参りを知るキーワード

どうして13歳？

数え年の13歳は、干支がひと回りする年で、昔は元服の頃。賢く立派な大人になるための、通過儀礼として伝承された。

虚空蔵菩薩とは？

知恵や知識、記憶を司る菩薩。虚空《こくう》（大空、宇宙）のように無限の知恵をそなえるという。

4月

穀雨《こくう》

4月20日頃

二十四節気の「穀雨」の始まりです。穀雨は「雨降って百穀《ひゃっこく》を潤す」という言葉が語源で、温かい春の雨が降り、田畑を潤す時期です。新芽が育ち、種まきにもぴったりの季節。農家では田植えに向け、稲の種モミをまいて苗を育てる「苗代《なわしろ》」をつくり始めます。

冬の間に地上部が枯れてしまっていた水辺の葦《あし》にも、薄緑の新芽が萌え出ます。やがて夏に向けて、大きく背丈を伸ばし、生い茂っていくのです。

季の歌

くれなゐの二尺のびたる薔薇《ばら》の芽の
針やはらかに春雨の降る

正岡子規

多彩な春の雨の名前

春雨《はるさめ》
春の時期に、しとしとと降り続く静かな雨。霧雨になると「小糠雨《こぬかあめ》」とも呼ばれる。

春時雨《はるしぐれ》
春の時期の時雨（降ったり止んだりを繰り返す小雨）。「時雨」は本来、初冬の言葉だが、春にも似た天候がある。

菜種梅雨《なたねづゆ》
菜の花が咲く頃に降る長雨。「春の長雨」ともいい、すっきりしない天気が続く。

催花雨《さいかう》
花の開花を促すように降る雨。「養花雨《ようかう》」とも呼ばれる。

夏野菜の植えつけの時期

暖かくなるこの時期、4月の後半から5月にかけて、夏野菜の苗を植えれば、6~9月頃に収穫が楽しめます。

狭い庭やマンションのベランダなどでも手軽に楽しめる、プランター菜園も人気です。初心者におすすめの夏野菜の苗も多く出回っています。トマトにナス、ピーマンなどが代表格。右の囲みで紹介している夏野菜は、比較的収穫期が長く、収穫量も多めで、害虫や病気にも強いことが特徴です。

プランターでも育てられる夏野菜の例

- トマト
- ナス
- ピーマン
- シシトウ
- オクラ
- キュウリ

春ならではの鳥の姿に注目

鳥たちが繁殖期を迎え、そこかしこで美しい囀《さえず》りが聞こえてきます。囀りの目的は求愛と巣づくり。雄が雌を惹きつけ、自分のテリトリーを主張する声です。ヒナを連れた雀《すずめ》や、雄が雌に虫をあげる四十雀《しじゅうから》の求愛など、春ならではの鳥の姿を探してみましょう。

［スズメ］

［シジュウカラ］

鳥の「囀《さえず》り」

ウグイス……「ホーホケキョ」
シジュウカラ…「ツピツピツピ」
メジロ…………「チーチュル、ピーチュル、ピーチュル」

5月

皐《さ》月《つき》

「早苗月《さなえづき》」の略で、「早月《さつき》」とも書く。早苗（稲の苗）を苗代《なわしろ》から田へと植え替える、田植えの月。「皐」は、稲のこと。

5月の暦

2日頃	八十八夜
5日	端午《たんご》の節句（こどもの日）
5日頃	立夏
11日	長《なが》良《ら》川《がわ》鵜《う》飼《かい》開き
第2日曜日	母の日
15日	葵祭《あおいまつり》
中旬	神田祭 2年に1度開催される、「日本三大祭り」のひとつ
21日頃	小満《しょうまん》

季の花

フジ

長い花穂《かすい》を風に揺らし、甘い香りを漂わせる。藤原氏の家紋も藤の花

ウツギ

白い小花が密集して咲く。枝が空洞なので「空木《うつぎ》」と呼ばれる

ボタン

大輪の見事な花を咲かせるため、「花王《かおう》」とも呼ばれる

季の鳥

ホトトギス

古来、夏の到来を告げる「初鳴き」が待たれた。「キョッキョキョキョ」と昼夜を問わず大声で鳴く

カッコウ

おなじみの「カッコウ」という鳴き声は、繁殖期の雄が雌を呼ぶ声

季の魚介

初ガツオ

春頃、カツオは南の海からエサを求めて、太平洋側を北上する。これを「初鰹《がつお》（のぼり鰹）」という

アジ

一年中手に入るが、脂ののりが特によいのは春から夏にかけて

季の果菜

イチゴ

現在はハウス栽培が主流で冬季に流通するが、露《ろ》地《じ》栽培の旬は5月頃

グリーンピース

旬の時期は香りも甘みも格別。緑鮮やかな豆ご飯は目にもごちそう

5月の季語

風薫《かぜかお》る

青葉若葉の中を、匂い立つように吹き抜ける初夏の風。禅語《ぜんご》の「薫風自南来《くんぷうじなんらい》」に由来

風炉点前《ふろてまえ》

風炉という夏用の炉で茶道の点前をすること。風炉は移動できるので、冬の炉（囲炉裏《いろり》）よりも、客から離して置ける

万緑《ばんりょく》

草木が青々と茂り、見渡す限り緑に包まれた夏の光景

八十八夜《はちじゅうはちや》

5月2日頃

「八十八夜」は、立春から88日目のことで、季節の目安を表す雑《ざっ》節《せつ》（P.187）のひとつ。

夏を目前に、気候も安定してくる時期です。「八十八夜の別れ霜」といわれ、不意の遅霜《おそじも》も降りなくなるため、農家では種まきの目安にもされてきました。

また、この時期は茶摘みの最盛期。「夏も近づく八十八夜」と、唱歌にも歌われるように、赤いたすきに菅笠《すげがさ》をかぶり、お茶の木の新芽を摘み取る人々の様子は、かつては季節の風物詩でした。

季の句

霜なくて曇る八十八夜かな　正岡子規

緑茶の種類

煎茶《せんちゃ》
緑茶の中で、最も一般的な茶。露地で育てた茶の葉を、蒸してから揉み、乾燥させる。

玉露《ぎょくろ》
新芽が出た頃にヨシズなどで覆い、日光を遮って育てた茶。渋みが少なく、旨みが豊富。

抹茶
日光を遮って育てた茶葉を、揉まずに乾燥させ、粉状に挽いたもの。茶道をはじめ、飲料や菓子などにも幅広く使われる。

ほうじ茶
煎茶などを、強火で煎って（ほうじて）、香ばしさを引き出した茶。カフェインが少ない。

新茶のおいしいいれ方

新茶は、旨みが多く、渋みや苦みが少ないのが特徴。いれるときは、70～80℃のお湯でじっくり抽出すると、旨みが引き立ちます。お湯は、湯呑みなどに移し替えるたびに、約10℃温度が下がります。急須に湯を残さないよう、最後まで注ぎきることで、二煎目もおいしくいれられます。

用意するもの（1人あたり）

- 沸騰させた湯…150～200mℓ
- 茶葉…ティースプーン1杯（約3g）
- 急須　● 湯呑み

1 茶葉を急須に入れる

2 沸かした湯を一度、湯呑みに入れる

3 湯呑みの湯を急須に注ぎ、ふたをして40秒ほど待つ

4 急須から少しずつ均等に湯呑みに注ぎ、最後の一滴まで注ぎきる

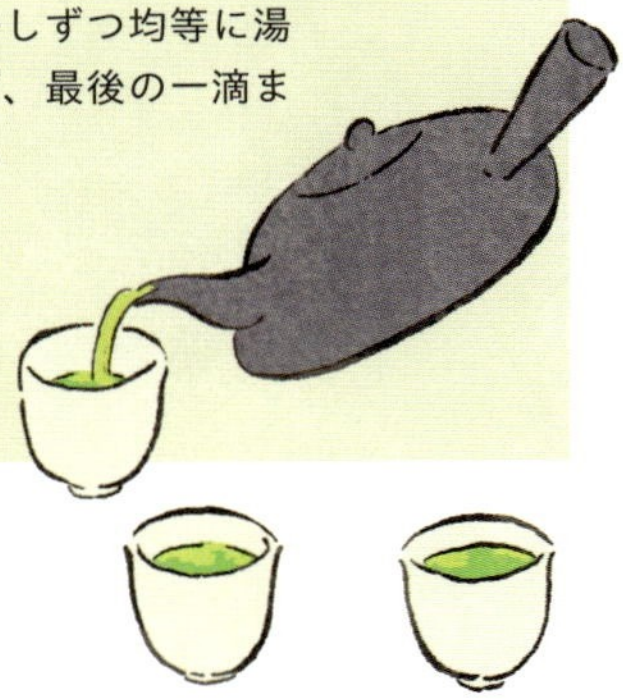

八十八夜を夏支度の目安に

八十八夜を目安に、何かひとつだけでも、夏の準備を始めてみませんか。「八十八」は末広がりの縁起のよい数字。昔から、夏支度を始める吉日として親しまれてきました。また、晴天が続くこの季節に、インテリアや寝具などのしつらえを夏仕様にしておけば、すぐ後に控える梅雨時期を、さっぱりとした気分で過ごすことができます。

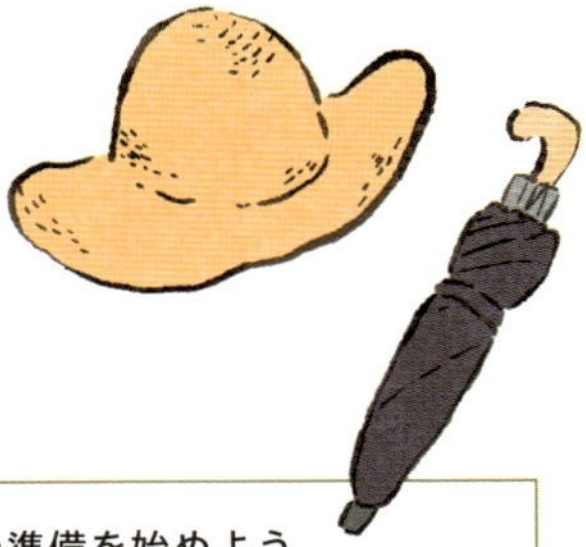

夏の準備を始めよう

- UV対策の帽子や日傘などを出す
- スリッパやラグを夏用に替える
- 寝具を夏用に替える
- ガラスなど涼しげな器を出す

端午《たんご》の節句《せっく》（こどもの日）

5月5日

季の句

矢車《やぐるま》に朝風強き幟《のぼり》かな

内藤鳴雪《めいせつ》

端午の節句は、子どもの健やかな成長を願う日です。「端午」は本来、「月の最初の午《うま》の日」という意味ですが、やがて5月5日だけを指すようになりました。

古代中国には、端午に菖蒲《しょうぶ》で厄払いをする風習があり、それが奈良時代に日本に伝わりました。その後、武家社会で、菖蒲が武を尚《たっと》ぶ「尚武《しょうぶ》」に通じることから、男の子のお祭りへと変化します。現在では「こどもの日」として、全ての子どもの幸せを願う日となっています。

鯉《こい》のぼりのいわれ

鯉のぼりの意味

激流を登りきった鯉が竜になったという中国の故事「登竜門」になぞらえて、人生の難関を突破し、立身出世してほしいという願いが込められている。

鯉のぼりの原点

江戸時代の武家には、男の子が生まれると、幟（家紋などが入った軍旗の一種）を立てて祝う風習があった。それを真似て、町人も鯉の形の幟を揚げたのが始まりといわれる。

「吹き流し」の意味

最上部の吹き流しは、青（緑）・赤・黄・白・黒（紫）の5色。七夕の「五色《ごしき》の短冊」（P.102）と同様に、魔除けの意味がある。

子どもの健やかな成長を願う五月人形

端午の節句には、男の子がたくましく育つようにと願いを込め、兜《かぶと》や鎧《よろい》、武者人形などを飾ります。兜や鎧は、武士の命を守る大切な道具。災厄から子どもの身を守るお守りです。武者人形は、人形《ひとがた》として身代わりに厄を引き受けてもらうという意味もあり、金太郎や牛若丸、鍾馗《しょうき》などの英雄の姿が一般的です。

さまざまな五月人形

金太郎

熊と相撲をとるほど力持ちだったといわれる伝説の少年

兜

兜は、特に大切な頭を守る武具。子どもの無事な成長を祈るお守りとして

鍾馗

疫病神を追い払うといわれる、中国の魔除けの神

どうして柏餅《かしわもち》と粽《ちまき》を食べるの？

柏餅は、柏の葉であん餅を包んだもの。柏の木は、新芽が出ないと古い葉が落ちないことから、「跡継ぎが絶えない」ことにつながり、縁起がよい食べ物とされます。

粽は、古代中国の忠臣・屈原《くつげん》の命日（5月5日）に供えられたことが起源とされます。昔は茅《ちがや》でもち米などを巻いて蒸したことから、「ちまき」と名前がついたそう。

菖蒲で邪気を払い健康になる

端午の節句は本来、菖蒲で厄払いを行う行事です。古来、香りの強い菖蒲が邪気を払うとして、菖蒲を浸したお酒を飲んだり、菖蒲湯につかったりしてきました。菖蒲の葉には独特の芳香があり、茎や根にも血行促進や鎮痛作用があります。

菖蒲を用いた風習の例

菖蒲打ち	束ねた菖蒲を地面に打ちつけて音の大きさを競う。地面をたたいて悪魔を封じ、音で邪気を払う
菖蒲湯	菖蒲を10本ほど束ね、空の浴槽に入れて湯を沸かす。少し高めの温度で沸かすと香りが増す
菖蒲の鉢巻き	菖蒲の葉を頭に巻く。頭に邪気が入ることを防ぎ、元気で賢い子に育つといわれる
菖蒲枕	菖蒲を枕の下に敷いて眠り、翌日これで菖蒲湯を沸かす。無病息災を願う風習

「菖蒲」と「花菖蒲」のちがいとは？

端午の節句で用いる菖蒲はショウブ科の植物で、黄緑色の太い穂が特徴です。色とりどりの花を咲かせるアヤメ科の花菖蒲は別種ですが、名称が似ていることなどから混同されて、端午の節句に飾られるようになりました。

［ショウブ］

［ハナショウブ］

立夏《りっか》

5月5日頃

季の歌

春過ぎて夏来《きた》るらし白たへの
衣干したり天《あま》の香具山《かぐやま》

持統天皇「万葉集」

二十四節気のひとつで、「夏が立つ」と書き、夏の兆しを感じ始める頃です。さわやかな季節で、屋外での活動にも最適な時期。ただし、この時期の紫外線は、夏場と同程度に強くなっているので、日焼け対策も忘れずに。

田植えを控えて水が張られた田んぼでは、かえるの合唱が響き始めます。春から初夏にかけては、かえるの繁殖期。雄は雌に選ばれようと、一斉に鳴き合います。

5月

かえるが鳴き始める頃

ヒキガエル

「ガマ」とも呼ばれる大型のカエル

♪クックックッ

カジカガエル

渓流などに生息。鹿に似た美しい声で鳴く

♪フィーヨ、フィーヨ

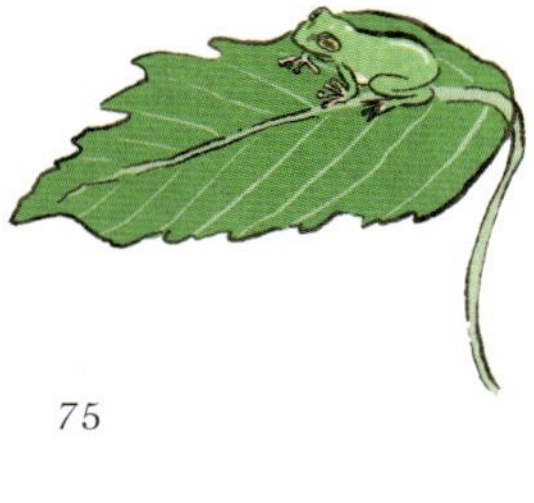

アマガエル

田畑にいる小さなカエル。雨の前によく鳴く

♪ケッケッケッ

母《はは》の日《ひ》

5月第2日曜日

季の句

母の日の妻より高き娘かな

日野草城《そうじょう》

母親に感謝の気持ちを表す日です。20世紀初頭のアメリカで、南北戦争で献身的な活動をした母を偲び、娘が教会で白いカーネーションを配ったことがきっかけです。その活動が広がり、アメリカでは5月の第2日曜日が「母の日」に制定されました。

当初は、母が存命する人は赤、亡くした人は白のカーネーションを胸につけて感謝の気持ちを表しました。やがて母本人に花を贈るようになり、花色も赤が主になりました。

母の日におすすめのフラワーギフト

■カーネーション

キリストが十字架にかけられた際に、聖母マリアが落とした涙から生じた花ともいわれる。赤には「母の愛」、ピンクには「感謝」の花言葉が。

■あじさい

ちょうど開花期を迎える。小さな花が集まって咲くので、「一家団らん」の花言葉も。

■ばら

「花の女王」と呼ばれ、種類も豊富。花言葉は「美」「愛」。

5月の主な行事・祭事

5月のお祭りといえば、京都の葵祭《あおいまつり》。また、夏を目前に、岐阜の長良川で鵜飼《うか》い漁が始まります。どちらも千年以上の歴史を誇る伝統行事です。

鵜飼いシーズンの幕開け

長良川鵜飼《ながらがわうかい》

5月11日～10月15日

鵜飼いは、鵜匠《うじょう》が鵜を操り、鮎《あゆ》などの魚を捕らえる古典漁法。大きな篝火《かがりび》を掲げた鵜飼い舟は、岐阜・長良川の夏の夜の風物詩です。幕府や皇室などの保護のもと、約1300年の歴史をつなげています。

平安絵巻のように雅《みやび》な行列

葵祭

5月15日

初夏の京都を彩る、下鴨《しもがも》神社と上賀茂《かみがも》神社の例祭。見どころは、平安装束をまとった人々が練り歩く「路頭《ろとう》の儀《ぎ》」。神紋《しんもん》である二葉葵《ふたばあおい》の葉を飾ったり身につけたりするため、「葵祭」と呼ばれます。

小満《しょうまん》

5月21日頃

季の歌

麦のくき口に含みて吹きをれば
ふと鳴りいでし心うれしさ

窪田空穂《うつぼ》

二十四節気の「小満」は、万物が次第に成長し、天地に満ち始める頃です。秋にまいた麦が収穫期を迎える頃でもあり、その出来具合に「少し満足する（ひと安心する）」という意味もあります。麦は古来、日本人の生活を支えてきました。麦にまつわる季語も多くあります。

蚕が桑の葉を盛んに食べ始める時期でもあります。育った蚕は繭《まゆ》をつくり、それが美しい絹糸になります。

麦にまつわる季語

麦蒔《むぎまき》
麦の種をまくこと。やがて針のような芽が出る。冬の季語。

麦踏《むぎふみ》
根の発育を促すため、麦の芽を踏んでいくこと。春の季語。

麦秋《ばくしゅう》
麦の刈り入れ時。多くの穀物が秋に実りの時期を迎えることになぞらえ、麦が黄金色に熟れる初夏の時期を、「麦秋」「麦の秋」と呼ぶ。夏の季語。

麦笛《むぎぶえ》
麦の茎でつくる笛。中が空洞になっている茎を、笛のように吹き鳴らす。夏の季語。

朝顔の種をまいてみよう

5月は朝顔の種まきに適した時期。日中の気温が25℃以上の日が続くなら、そろそろまき時です。

朝顔は日が短くなる時期に咲く「短日《たんじつ》植物」なので、午前中は日当たりがよく、夕方以降は西日や夜間照明が長時間当たらない場所で育てましょう。つるが20～30㎝に伸びたら、支柱を立てましょう。数本の支柱を立てる「あんどん仕立て」が初心者向き。だいたい7月頃から花を楽しめます。

種まきのポイント

1 種の芽切りをする

水を含みやすくして発芽を促す。爪切りやカッターなどで、種の丸い背の一部を、皮の下の白色が見える程度に軽く削る

2 土にまく

1.5㎝ほどの深さに、傷を上向きにして種をまく。日当たりのよい場所に置き、適宜水やりを。通常なら5日前後で発芽する

3 本葉が出たら間引きをする

苗が混み合っていると生育が悪くなるので、本葉が出たら間引き（またはは植え替え）をする。1つの鉢に2本ほどを目安に残す

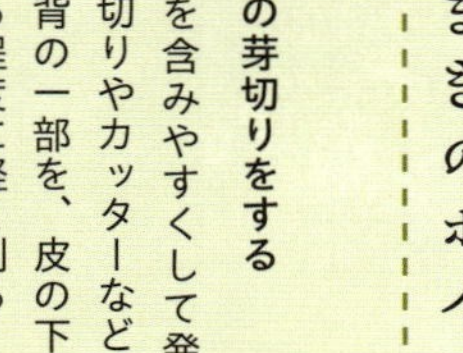

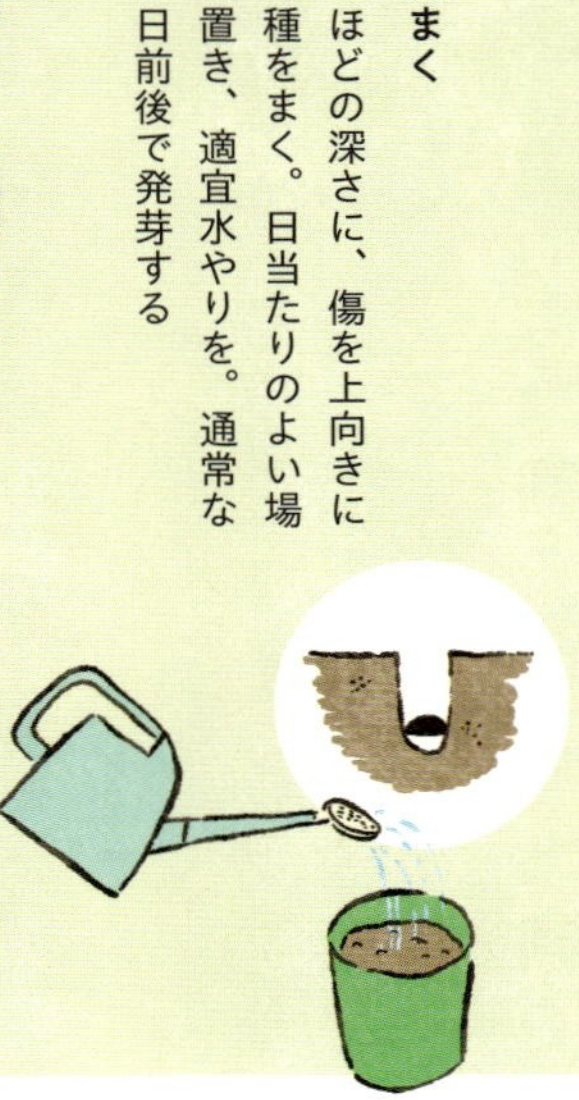

潮干狩りの好シーズン

「大潮《おおしお》」の干潮時がねらい目

「春潮《しゅんちょう》」とも呼ばれる春の海は、潮の色が明るくなり、干満差が大きくなります。気温も上がる5月は、潮干狩りに最適の季節です。

潮の干満は、月の満ち欠けと密接な関係が。新月と満月の日は、地球と月と太陽が一直線に並ぶため、引力は最大となり、潮の干満差も最大になります。これが「大潮」です。潮干狩りは、大きく潮が引いて干潟が現れる、大潮の日の干潮2時間前後がおすすめです。

潮干狩りの持ち物リスト

- 熊手
- ざる／バケツ／網
- クーラーボックス
- 空のペットボトル
- 軍手／ゴム手袋
- サンダル／長靴
- 帽子
- タオル

けが防止に軍手や長靴、日焼け防止に帽子や首かけタオルも忘れずに

日本の浜でとれる貝

バカガイ（アオヤギ）

黄褐色の貝殻。寿司ネタでは青柳《あおやぎ》と呼ばれ美味だが、砂抜きはひと手間。大きさは約8cm

ハマグリ

貝殻には光沢がある。水深がある場所を好むため、干潮時の沖合で探す。大きさは約8cm

アサリ

名前の通り、砂の浅いところにいる。殻の模様は個体ごとにさまざま。大きさは約4cm

シオフキガイ

貝殻はつるつるして光沢がある。美味だが、砂を吐きづらく調理が難しい。大きさは約4cm

ホンビノスガイ

外来種で原産地は北アメリカ。見た目から「白はまぐり」とも呼ばれる。大きさは約10 cm

マテガイ

長さ11cm ほどの細長い貝。生息する小さな穴に塩を入れ、顔を出したところを引っ張ってとる

手軽な砂抜きの方法

貝は悪くならないよう、保冷剤を入れたクーラーボックスに入れて持ち帰りましょう。また、海水を適量、ペットボトルに入れて持ち帰ります。

帰宅したら砂抜きをします。貝は水道水で洗い、重ならないよう、平らなザルに並べます。ザルの下にバットなどを敷き、貝がかぶるくらいの海水を入れ、新聞紙などを上にのせて暗くし、涼しい場所に5~6時間おいたら完了。再度よく洗って、調理に使います。

海水は濃度3%の塩水（水1ℓに塩大さじ２杯）でも代用できる

6月

水無月《みなづき》

田植えを控え、田に水を引く「水の月」(「無」は「の」の意味)。暑さで水が涸《か》れて無くなるから、という説もある。

6月の暦

1日	衣替え
5日頃	芒種《ぼうしゅ》
10日	時の記念日 飛鳥時代、日本で初めて水時計が時を知らせた日
11日頃	入梅《にゅうばい》
16日	嘉祥《かじょう》の日
21日頃	夏至
第3日曜日	父の日
30日	夏越《なごし》の祓《はらえ》

季の花

アジサイ

雨がよく似合う日本原産の花。４枚の花びらのように見えるものは、がくが変化したもの

ツユクサ

瑠璃色の花弁が美しい。朝露に濡れて咲くため、「露草」と呼ばれる

ハナショウブ

湿地に生えるアヤメ科の花。外側の花びらの根元の黄色が目印

季の鳥

オオルリ

雄は頭から尾羽まで鮮やかな瑠璃色。山地の渓流沿いにすむ夏鳥

コチドリ

河原や水田などで見られる夏鳥。ジグザグに歩く様子が、「千鳥足」の語源となった

季の魚介

イワシ

梅雨入りの時期にとれるマイワシは、「入梅いわし」と呼ばれ、一年で最も脂がのっている

アユ

例年6月にアユ漁が解禁され、夏を告げる魚として愛される。香りがよく「香魚《こうぎょ》」とも呼ばれる

季の果菜

サクランボ

6月中旬に収穫のピークを迎える初夏の果実。山形県が一大生産地

ウメ

6月上旬に若くてかたい青梅が、中旬以降は黄色く熟した完熟梅が出回る

6月の季語

黒南風《くろはえ》

黒い雲に覆われた梅雨空に吹く、湿った南風のこと。梅雨明けの頃の晴天に吹く風は「白南風《しろはえ》」

蟷螂《とうろう》生《うま》る

秋に草の茎や木の枝などに産みつけられた泡状の卵から、数百匹の子蟷螂《かまきり》が出てくる時期

五月闇《さつきやみ》

五月雨《さみだれ》（梅雨）の頃の、分厚い雲に覆われた日中の暗さのこと。または、月が隠れた闇夜のこと

衣《ころも》替《が》え

6月1日

季の句

更衣《ころもがえ》駅白波となりにけり

綾部仁喜《あやべじんき》

衣替えは、6月1日を目安に冬服から夏服へ、10月1日を目安に夏服から冬服へと替える風習です。平安時代に中国から伝わった習わしで、当初は「更衣《こうい》」と呼ばれていました。江戸時代には幕府の命で、春・秋は袷《あわせ》、夏は単衣《ひとえ》、冬は綿入れと、年4回衣替えが行われることに。その後、明治時代に洋装が取り入れられたことで、現在の年2回の衣替えが定着しました。

衣替えのポイント

■ クリーニングの袋からは出して

ビニール袋は通気性がないので、つけたままだと湿気がたまり、カビや虫食いの原因に。ほこりが気になる場合は、不織布のカバーをかけて。

■ しまう前に洗濯を

長期保管するうちに、残っていた汗や皮脂が酸化して黄ばみに変わることも。しまう直前に、酸素系漂白剤を加えて再度洗濯しておくと安心。

■ からりと晴れた日に行う

雨の日に衣替えを行うと、湿気も収納先に閉じ込めてしまうので、晴れた日がベスト。

涼しい生地の「夏衣《なつごろも》」

和装では、春や秋、冬には裏地がついた「袷」を、夏には裏地のない「単衣」を着ます。そして盛夏の頃は、麻素材など「薄物」と呼ばれる夏用の単衣（夏衣）を着ます。汗かきの子ども用の浴衣や甚平には、吸水性・通気性に優れた綿やガーゼも適しています。

夏衣の生地のいろいろ

素材	呼び名	織り方
絹	絽《ろ》・紗《しゃ》	糸と糸のすき間を空けるように織ってあり、風通しがよい
麻	縮《ちぢみ》	生地の表面を縮れさせてあるため、通気性がよい
	上布《じょうふ》	細い麻糸を平織りにした上質な麻織物
絹・綿	紅梅《こうばい》	細い地糸と太い糸を組み合わせて織ることで、生地が肌に張りつかず快適

アロマと重曹で手づくり防虫剤

防虫剤は気軽に手づくりできます。防虫効果のある香り成分は空気より重いので、衣類の上部に置くと、上から下へと行き渡ります。重曹が湿気を吸ってかたくなったら交換時。

防虫剤のつくり方

1 重曹約50g に好みの精油（エッセンシャルオイル）を10〜30滴ほど垂らして混ぜ、お茶パック（だしパック）に入れる

2 1を布製の袋に入れて完成

虫が嫌がる精油

- シトロネラ
- レモングラス
- ゼラニウム
- ユーカリ　など

芒種《ぼうしゅ》

6月5日頃

季の句

大蛍《おおぼたる》ゆらりゆらりと通りけり

小林一茶

二十四節気のひとつ「芒種」は、米や麦など「芒《のぎ》」（実の殻にある針状の毛）がある穀物の種をまく時期という意味です。昔は、この時期に、稲の苗を育てる苗代《なわしろ》に種モミをまいていました。

水がきれいな川や田んぼのそばで、蛍が青白い光を放ち始めます。発光する蛍の代表は、ゲンジボタルとヘイケボタルの2種。求愛の目的もあるため、光りながら飛ぶ蛍はほとんどが雄です。雌は、草の葉などにとまって小さく光ります。

［ゲンジボタル］

［ヘイケボタル］

蛍狩りに行く前に

■ **蛍と出会うには？**

蛍の活動時間は、日没から約2時間後にピークを迎える。また、月明かりが目立たない曇りや新月の日で、風がなく蒸し暑い夜によく飛ぶ。

■ **2種の蛍のちがいは？**

ゲンジボタルの方が大型で、胸の赤い部分にある黒い十字形が目印。また、ゲンジボタルは流れがゆるやかな河川敷、ヘイケボタルは水田やため池など流れのない水辺にすむ。

「梅仕事」に挑戦してみよう

「梅雨」ともいわれるように、6月は梅が出回る時期。「芒種」を目安に、梅干しや梅酒、梅シロップなど、梅を使った保存食づくりをしてみませんか？　梅の収穫期に合わせ、この時期に集中的に作業することを「梅仕事」といいます。

一般的に、梅酒や梅シロップには未熟な青梅を、梅干しには完熟した黄色い梅を使う

基本の梅酒のつくり方

用意するもの

- 青梅…1kg
- 氷砂糖…1kg
- ホワイトリカー…1.8ℓ
- 消毒して乾燥させた保存瓶（容量は4ℓほど）
- 竹串（または爪楊枝）

1　青梅を水洗いし、水気をとる

流水などで、青梅の表面を傷つけないようにていねいに洗う。ザルなどにあげて水を切り、乾いた布巾で１個ずつ水気を拭きとる

2　竹串でヘタを取り除く

竹串や爪楊枝の先で、１個ずつヘタを取り除く

3　青梅と氷砂糖を交互に瓶に入れホワイトリカーを注ぐ

保存瓶に梅と氷砂糖を交互に入れ、ホワイトリカーを注ぎ入れる。ふたをして、冷暗所で保存する

4　３か月以上寝かせる

ときどき瓶を静かに回し、液を均一にする。３か月ほどで飲み始められるが、１年ほど寝かせると熟成が進み、味わいが深まる

入梅《にゅうばい》

6月11日頃

立春から数えて135日目にあたり、暦の上で梅雨に入る時期。農作業の目安になるよう設けられた、雑節《ざっせつ》（P.187）のひとつです。「梅雨《ばいう》」という言葉は、中国で黴《かび》をもたらす雨という意味の「黴雨《ばいう》」に、梅の実が熟す頃なので「梅」の字を当てたのが起源とされます。ちなみに、ニュースなどで耳にする「梅雨入り」は、梅雨《ばいう》前線の北上に合わせて気象庁が出す気象情報で、暦の上での入梅とは異なります。

季の句

入梅や蟹《かに》かけ歩く大座敷

小林一茶

梅雨にまつわる雨の名前

五月雨《さみだれ》
旧暦5月（現在の6月頃）に降る長雨。梅雨のこと。「みだれ」は「水垂《みだ》れ」が転じたもの。

走り梅雨
本格的な梅雨に入る前ぶれのような、ぐずついた天気のこと。「迎え梅雨」とも。

送り梅雨
梅雨明け頃に降るまとまった雨。雷を伴うことも多く、集中豪雨になることもある。

戻り梅雨
梅雨明け後に再び雨が続くこと。「返り梅雨」とも。

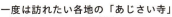

いろいろなあじさい

梅雨空によく似合うあじさいの花。がく片が花の周囲を額縁のように囲む「ガクアジサイ」が、日本の固有種です。小さな花が丸く集まって咲く、一般的な手まり咲きのあじさいは、ガクアジサイを元にした園芸品種です。開花後も色が変わっていくので、「七変化」とも呼ばれます。

一度は訪れたい各地の「あじさい寺」

- 雲昌寺《うんしょうじ》（秋田）
- 明月院《めいげついん》（神奈川）
- 三室戸寺《みむろとじ》（京都）

一年で一番おいしい「入梅いわし」

日本人の食卓に上る鰯《いわし》は、主にマイワシ、ウルメイワシ、カタクチイワシの3種。中でも代表格はマイワシです。6～7月の梅雨時期に水揚げされるマイワシは、特に脂ののりがよく、「入梅いわし」と呼ばれます。

銚子の「入梅いわし祭」

千葉県は、イワシ類の水揚げが全国一。中でも主要な水揚げ港である銚子港では、例年6～7月に「入梅いわし祭」が行われ、旬の鰯が堪能できる

嘉祥《かじょう》の日《ひ》

6月16日

旧暦6月16日に行われた「嘉祥」の行事に由来する日です。嘉祥は、平安時代の仁明《にんみょう》天皇が、6月16日に、16の数にちなんだ菓子や餅を神前に供え、厄病除けを祈願したことから始まりました。江戸幕府ではこの日、将軍が江戸城に大名や旗本を招き、盛大に菓子をふるまったといいます。

現代では、全国和菓子協会によって「和菓子の日」とされ、好きな和菓子を食べて厄払いをする日となっています。

季の句

塗り盆に葛饅頭《くずまんじゅう》のふるへをり

櫂《かい》未知子《みちこ》

夏に食べたい和菓子

錦玉羹《きんぎょくかん》

透明な寒天の中に涼しげなモチーフをちりばめる

葛桜《くずざくら》

透明な葛まんじゅうを桜の青葉で包み、夏を演出

葛きり

つるりとした涼やかな食感で、黒蜜と共に食べる

若鮎《わかあゆ》

初夏の川面を泳ぐ若い鮎の姿を模す。カステラ生地で求肥《ぎゅうひ》やあんをはさむ

水無月《みなづき》

暑気払いの氷に見立てた白い外郎《ういろう》生地に、邪気を払うといわれる小豆をのせた夏の菓子。夏越《なごし》の祓《はらえ》（P.94）に食べると、無病息災で過ごせるという

父《ちち》の日《ひ》

6月第3日曜日

季の句

父の日の忘れられをり波戻る

田川飛旅子《ひりょし》

父の日は、20世紀初頭のアメリカの女性が、男手ひとつで6人の子どもを育てた自分の父を称え、「母の日」があるなら「父の日」もつくろうと、「父の日」の創設を提唱したことに始まります。6月は女性の父の誕生月でした。

父の日のプレゼントはもともと、その女性が父親の墓前に供えたというばらの花でした。現在の日本では、身を守るための色とされる「黄色」が、父の日のカラーとなっています。

父の日のギフトアイデア

■サマーウェア
来たる夏に向けて、服や小物を贈るのも一案。通気性に優れたリネンやサッカー生地をはじめ、近年では冷感・速乾性のあるハイテク素材の衣料品も豊富。

■好きなお酒や食べ物
せっかくなら親子で食卓を囲み、感謝の気持ちを伝えても。

■黄色い花
父の日カラーに合わせた、ひまわりや黄色いばらが定番。

6月

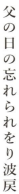

夏至《げし》

6月21日頃

季の句

夏至の日の手足明るく目覚めけり

岡本　眸《ひとみ》

夏至は、二十四節気のひとつで、一年で一番、昼間（日の出から日没の時間）の時間が長くなる日です。太陽の高さは最も高くなり、特に正午頃の影の短さに、夏至を実感します。

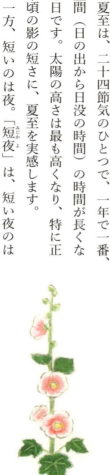

一方、短いのは夜。「短夜《みじかよ》」は、短い夜のはかなさを感じさせる、夏の季語です。最近では夏至の日に、照明を落として過ごす「ライトダウン」を行う流れもあります。

短夜を楽しむキャンドルナイト

夏至の夜は、電気を消してキャンドルを灯し、ゆらめく明かりの中で特別な時間を味わってみても。地球温暖化対策の一環にもなる取り組み

世界で行われる夏至祭り

夏至は、「太陽の力が最も強まる日」と考えられ、世界のさまざまな国で祭りが行われます。中でも有名なのは、スウェーデンの夏至祭《げしさい》。北欧の長く暗い冬を越えて、明るい夏を迎えた喜びにあふれています。

二見《ふたみ》興玉《おきたま》神社・夏至祭の禊《みそぎ》

夏至を中心に夏の期間、境内の夫婦岩の間から朝日が昇る。夏至の朝、参詣者は日の出と共に潮《しお》を浴びて禊を行う。心身が浄められ、太陽の力がいただけるという

フィンランドのかがり火

かがり火を焚いて悪霊を追い払い、豊作を願う。人々はパーティーを開き、遅くまで盛り上がる

ポーランドの花輪

夏至祭の日、女性は野の花で花輪をつくり、川に流す。かつては、それを拾った男性と恋人になれるという習わしがあったそう

スウェーデンのミッドサマー

野の花やモミの葉で飾られた大きな柱「ミッドサマーポール」を広場の中央に立て、人々はその周りで、輪になって踊ったり歌ったりする。柱は豊穣のシンボルで、子孫の繁栄を願う思いが込められている

夏越《なごし》の祓《はらえ》

6月30日

季の句　白雲や茅の輪くぐりし人の上　岩間乙二《おつに》

「夏越の祓」は、年の前半を締めくくる、祓《はらえ》の行事です。6月下旬になると、神社には大きな「茅《ち》の輪《わ》」が立てられます。参詣者はお参りの前に、その輪をくぐって罪や穢れを落とすため、別名「茅の輪くぐり」とも呼ばれます。

夏越の祓は、生活の中で生じた、さまざまな罪や穢れを払う「大祓《おおはらえ》」と呼ばれる行事です。年の前半の無事を感謝し、後半も元気に過ごせるようにと祈ります。大祓は年に2回あり、一年を締めくくる12月の大晦日には、「年越《としこし》の祓」が行われます。

「茅の輪」の材料は？

茅の輪の材料は、茅《ちがや》というイネ科の草。茅は生命力が強く、とがった葉には魔除けの力があるとされる。耐水性が高く、茅葺《かやぶ》き屋根を葺く材料にもなる

［チガヤ］

茅の輪をくぐって心身を浄める

昔、蘇民将来《そみんしょうらい》という人が、訪れた旅人を手厚くもてなしました。実はこの旅人は武塔神《むとうしん》（スサノオノミコト）であり、蘇民将来に茅の輪を授けました。すると蘇民将来は疫病を免れ、一族は繁栄したといいます。この故事に基づき、茅の輪くぐりが始まりました。

輪をくぐる手順の基本

1. 茅の輪の前で一礼し、「水無月の　夏越しの祓する人は　千歳《ちとせ》の命　のぶというなり」と唱えながら、左回りに輪をくぐり、正面に戻る
2. 一礼し、同様に唱えながら、右回りに輪をくぐり、正面に戻る
3. 一礼し、同様に唱えながら、左回りに輪をくぐり、正面に戻る
4. 一礼して輪をくぐり、本殿にお参りする

※具体的には各神社の作法に従いましょう。

形代《かたしろ》に穢れを移す

夏越の祓では、茅の輪のほかに、紙などでできた「形代」を使って祓を行う場合もあります。「人形《ひとがた》」とも呼ばれます。形代で体をなで、息を吹きかけるなどして、罪や穢れ、災厄を移し、川や海に流したり、お焚き上げをしたりします。

7月

文月《ふみづき》

七夕の行事で歌を詠んだことから、「文《ふみ》披月《ひろげづき》」が転じたもの。稲の穂が実る月、「穂《ほ》含月《ふみづき》」から転じたともいわれる。

7月の暦

1日頃	山開き・海開き
2日頃	半夏生《はんげしょう》
7日	七夕
7日頃	小暑《しょうしょ》
13〜16日	盂蘭盆会《うらぼんえ》 地域によっては8月13〜16日
15日頃	お中元
中旬〜下旬	梅雨明け 気象庁が地域ごとの「梅雨明け」を発表
7月下旬〜8月上旬	土用《どよう》の丑《うし》の日
23日頃	大暑《たいしょ》

季の花

サルスベリ

炎天にも負けず、鮮やかなピンク色の花が散っては咲く盛夏の花

ユリ

大ぶりの花に、甘く強い香りが印象的な花。白のほか、オレンジやピンクなど、色も多彩

アサガオ

夏の花の代名詞で、初心者にも育てやすい。7月初めに開かれる東京・入谷《いりや》の朝顔市も有名

季の鳥

オオヨシキリ

葦原《あしはら》で見られる夏鳥。「ギョギョシ、ギョギョシ」と囀《さえず》る

コアジサシ

海岸などに群れている夏鳥。上空から急降下して小魚を捕らえる

季の魚介

ハモ

産卵前の初夏が旬。ふわふわの食感が人気の白身魚だが、小骨が非常に多く、「骨切り」が必須

アナゴ

「梅雨の水を飲んで大きくなる」といわれ、初夏に大きく成長する

7月の季語

雲の峰

入道雲（積乱雲）が、山の峰のようにせり上がる様子。夏の雲の典型であり、夏の代名詞

夕凪《ゆうなぎ》

夏の夕方の海辺で、風がぴたりとやみ、海が凪ぐこと。蒸すような暑さになることが多い

旱星《ひでりぼし》

炎天続きの時期の日照りを象徴するような星。赤々と輝くさそり座のアンタレスなどの星のこと

季の果菜

エダマメ

未熟なダイズを枝ごと収穫したもの。たんぱく質やビタミンなど栄養豊富

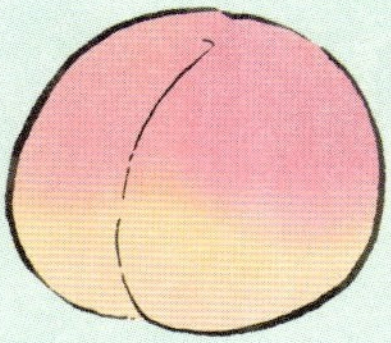

モモ

7月は収穫の最盛期。左右対称でふっくらと丸みがあるものがおいしい

山開《やまびら》き・海開《うみびら》き

7月1日頃

季の句　夏山に洗《あろ》ふたよふな日の出哉《かな》　小林一茶

夏登山や海水浴が楽しめる季節の到来です。日本には古来、山岳信仰があり、聖地とされる山は普段、立ち入り禁止でしたが、夏の一定期間に限って入山が許されました。これが山開きの起源で、多くの人々が登頂し、御来光《ごらいこう》を仰いだといいます。

現在では登山開始の目安に。富士山では7月1日に、麓の浅間《せんげん》神社で開山の神事が行われます。山開きの風習にならい、「海開き」や「川開き」も行われるようになりました。

海や山にまつわる風習

■「潮浴《しおゆあ》み」や「潮湯治《しおとうじ》」で体をいたわった

昔の人は、自然のパワーを浴び、体を整えることを「浴《よく》」といった。「海水浴」ももともと、病気を治すための養生。「潮浴み」や「潮湯治」ともいい、潮水を浴びることには、禊や治療の目的があった。

■「どっこいしょ」は山登りのかけ声

「どっこいしょ」は、かつて富士山など霊山の登山のときに人々が唱えた言葉。仏教用語の「六根清浄《ろっこんしょうじょう》」が語源といわれ、目や耳などの6つの器官（六根）を清らかにし心を無にするという意味がある。

7月

半夏生《はんげしょう》

7月2日頃

雑節（P.187）のひとつで、夏至から11日目。昔は、この日以降は田植えをしても収穫が少ないとされ、田植えを済ませる目安の日でした。田植え作業をねぎらい、豊作を願う食文化が各地に残ります。

関西では、作物がたこの足のようにしっかりと根を張ることを願ってたこを食べます。収穫したばかりの小麦を使った半夏生餅（小麦餅）や、疲労回復のスタミナ源として鯖《さば》の丸焼きを食べる地域もあります。

季の句

風鈴の夜陰《やいん》に鳴りて半夏かな

飯田蛇笏《だこつ》

半夏生に食べたいもの

- たこ
- 鯖の丸焼き
- 半夏生餅（小麦餅）

「半夏生」のいわれ

■「半夏《はんげ》」が生ずる頃

昔は、夏の半ばにカラスビシャク（別名「半夏」）が生え始めると、田植えを終わらせた。このため、この時期を「半夏生（はんげしょう）」と呼び始めたという。名前が類似する「ハンゲショウ」は、半夏生の頃に花が咲くため名づけられた。

［カラスビシャク］

［ハンゲショウ］

※ハンゲショウは、葉の半分が白くなることから「半化粧《はんげしょう》」とすることもあります。

七夕《たなばた》

7月7日

季の歌

この夕べ降りつる雨は彦星の
と渡る舟のかいのしづくか

山部赤人「新古今和歌集」

七夕は五節句のひとつなので「七夕の節句」、笹を用いて行われるので「笹の節句」とも呼ばれます。笹竹に短冊を吊るし、星に願いをかける日として知られます。これは、中国から伝わった、織り姫と彦星の「七夕伝説」と「乞巧奠《きっこうでん》」の風習、そして日本の「棚機《たなばた》つ女《め》」の伝説が結びついたものです。

七夕はお盆行事とも関連が深く、本来の行事の季節感に合わせて、月遅れの8月7日に七夕祭りを行う地域もあります。

七夕行事の由来

乞巧奠

織り姫にあやかり、技芸が巧みになることを願う風習。日本の貴族は、7月7日に7本の針に五色《ごしき》の糸を通して、手芸の上達を祈った。やがて、管弦楽や詩歌などさまざまな技芸向上を願う行事になった。

棚機つ女伝説

神様を迎えるために、水辺の棚の上につくられた機屋《はたや》で神様の衣を織る女性の伝説のこと。この棚機つ女伝説と結びつくまで、七夕は「七夕《しちせき》」と読まれていた。

夏の大三角に七夕星《たなばたぼし》を探そう

夏の夜空には、天の川をはさんで、明るい1等星が3つ。こと座のベガが織女《しょくじょ》星（織り姫）、川の対岸に光る、わし座のアルタイルが牽牛《けんぎゅう》星（彦星）です。はくちょう座のデネブを加えると、夏の大三角形の完成です。

伝説では、織り姫と彦星のために、7月7日の夕べになると、鳥の鵲《かささぎ》が天の川に橋を架けてくれたそう。この鵲がデネブを指すといわれます。

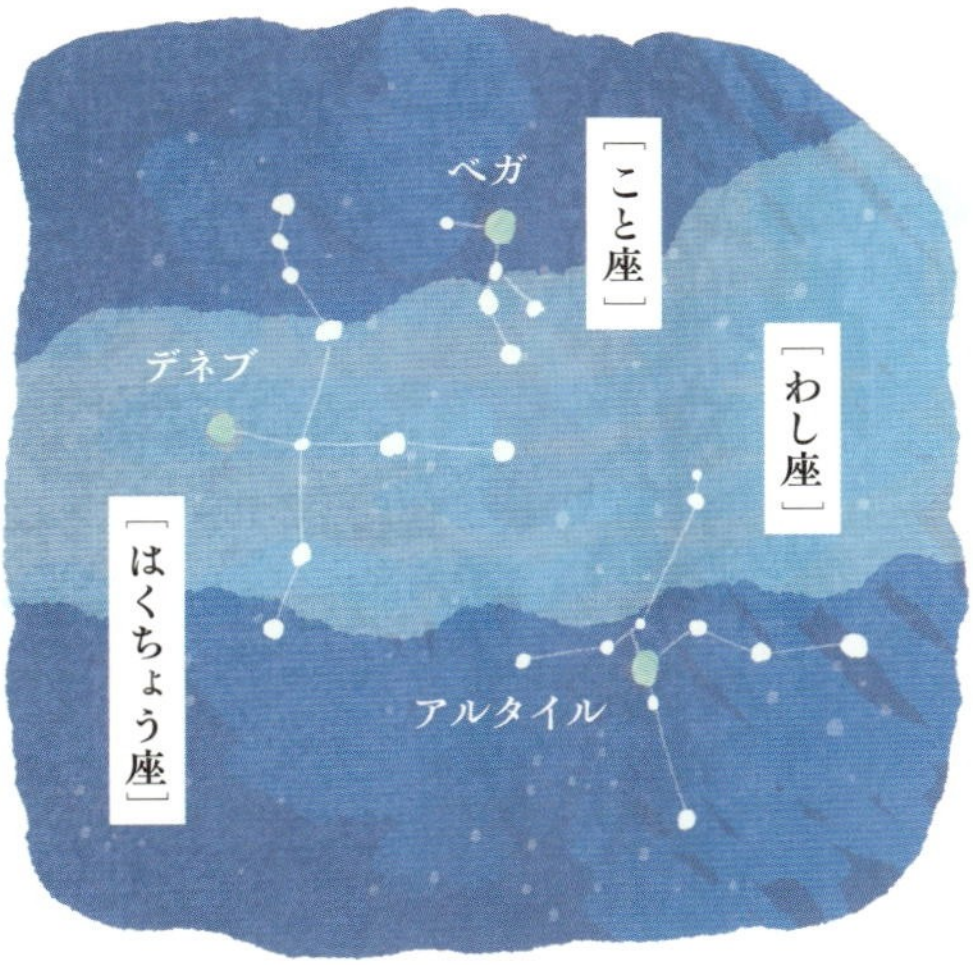

昔ながらの七夕の習わし

「乞巧奠」の行事では、貴族たちは庭に祭壇を設けて供物を供え、「星映し」を行ったり、墨ののりがよい梶の葉に和歌をつづったりしたそう。さらに星映しの水に梶の葉を浮かべると、天の川を渡る船の「舵《かじ》」に通じて願い事が天に届くとされました。

水を張ったたらいに夜空を映し、織女星と牽牛星が映ると願いがかなうといわれる「星映し」

里芋の葉に降りた露で墨をすり、梶の葉に書くと願いがかなうそう

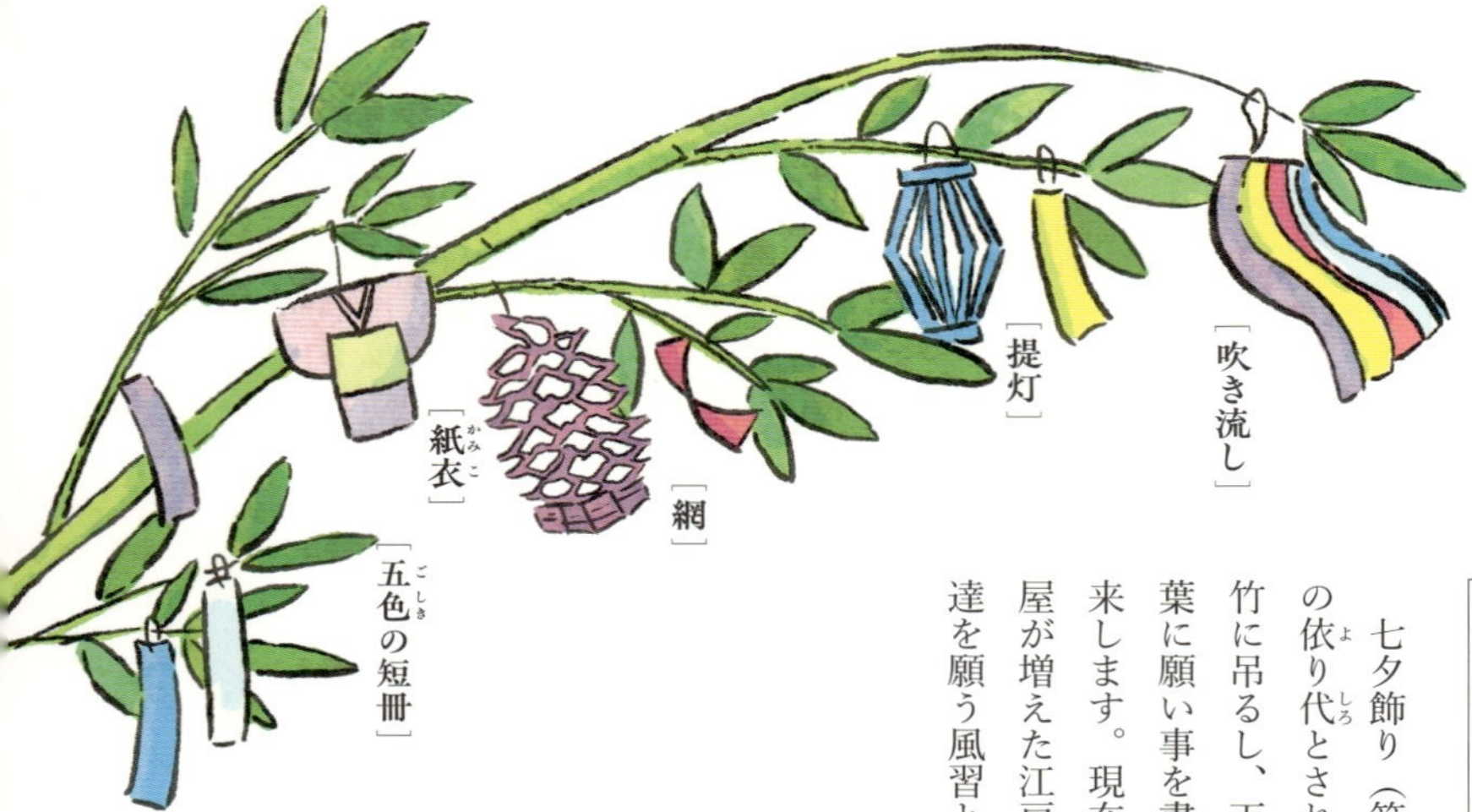

七夕飾りの由来を知ろう

七夕飾り（笹飾り）の笹竹は、天の神様の依《よ》り代《しろ》とされ、願いを込めた飾り物を笹竹に吊るし、天に掲げます。短冊は、梶の葉に願い事を書いた「乞巧奠《きっこうでん》」の風習に由来します。現在のような七夕飾りは、寺子屋が増えた江戸時代に、文字や習い事の上達を願う風習として広まりました。

七夕飾りの意味

五色の短冊	願い事を書く。青（または緑）・赤・黄・白・黒（または紫）の五色で万物を表し、各色に意味がある。五色そろうと魔除けになる
網	魚をとる網をかたどり、豊年満作《ほうねんまんさく》と大漁を祈願。幸せをすくい上げるという意味も
紙衣	着物の形の色紙。手芸の上達と、着るものに困らないように祈願する
吹き流し	織り姫の織り糸を表す。宮中で五色の糸を供えたことに由来する。魔除けにもなる

七夕の行事食はそうめん

古代中国の、7月7日に死んだ子どもが、悪霊となり熱病を流行らせたため、好物だった索餅《さくべい》（そうめんのルーツ）を供えて鎮めたという伝説から、七夕には無病息災を願い、そうめんを食べるようになったそう。そうめんは、天の川に見立てて盛りつけても素敵。また、五色の糸に見立てて、五色のそうめんをお供えしてもよいでしょう。

小《しょう》暑《しょ》

7月7日頃

季の句

暑き日を海に入れたり最上川　　松尾芭蕉

二十四節気の「小暑」は、だんだんと暑さが増してくる季節です。小暑の頃には、梅雨明け宣言が出る年もあります。

そろそろ、暑さをいたわる「暑中見舞い」を出す時期。梅雨の時期は的外れになってしまうので、梅雨明け後から立秋（8月7日頃）までに出しましょう。

また、梅雨の終わり頃は、日本付近に梅雨《ばいう》前線が停滞し、集中豪雨が起きやすい時期。日頃から備えておきましょう。

夏野菜でスタンプづくり

トウモロコシ…茎と葉を描けばヒマワリに
オクラ…放射状に押せば花火に

集中豪雨に注意する時期

■ 1時間50㎜以上の雨で道路が冠水する危険

ふたが外れたマンホールに転落する危険があるので、冠水した道路には近づかない。地下や半地下からは避難する。

■ 水害時に避難するときは長靴より運動靴

長靴は中に水が入ると重くなり、歩きにくくなる可能性も。避難は脱げにくい紐付き運動靴で。

■ 車内に「緊急脱出用ハンマー」の用意を

車が水没してドアや窓が開かないときに使用する。運転手の手が届くところに配備する。

お中元《ちゅうげん》

7月15日頃

古く中国では、年に3回、上元《じょうげん》（1月15日）、中元（7月15日）、下元《かげん》（10月15日）の「三元《さんげん》」を祀る風習がありました。このうち中元が、盂蘭盆会《うらぼんえ》（P.116）の風習と結びつき、日本で広まったのが、お中元の始まりです。

当初は、先祖の霊を供養すると共に、親類などにお供え物を配る習慣でした。やがて江戸時代頃から、上半期の区切りに際して、親類やお世話になった人へ感謝の気持ちを込めて、贈り物をする習慣へと変化しました。

季の句

紙伸ばし水引なほしお中元

高浜虚子《きょし》

お中元のあれこれ

■ **贈る時期は2通り**

お中元の時期は本来、旧暦7月15日。東日本は新暦でも7月初旬〜7月15日、西日本は月遅れで考え、8月初旬〜8月15日が一般的。最近は東日本式にする人が増えている。

■ **金額の相場は3000〜5000円**

付き合いの度合いや贈る側の年齢によっても差があるが、お互いの負担にならない程度。

■ **お中元とギフトのちがい**

お中元は継続性を伴うので、ある程度続けるのがマナー。1回限りのつもりなら、表書きは「御礼」とした方がよい。

お中元を渡すマナー

お中元を持参する場合は、品物は紙袋、または風呂敷から取り出し、相手に正面を向けて差し出すのが礼儀です。不要になった紙袋は基本的に持ち帰りますが、親しい間柄なら処分をお願いしても。

外出先などで、紙袋のまま渡す場合は、紙袋の底と取っ手の付け根あたりに手を添えて差し出し、「紙袋のままで失礼します」と言い添えます。

風呂敷でスイカを包む

1 風呂敷を広げ、ⓐとⓑの角を真《ま》結び（P.171）にする

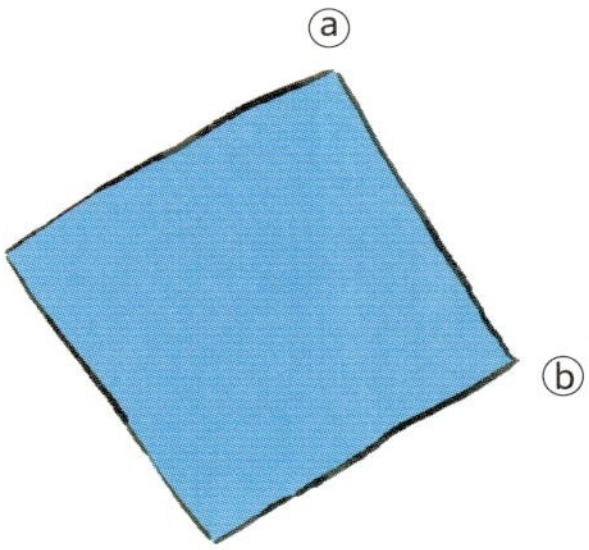

2 同じように、ⓒとⓓの角を真結びにする

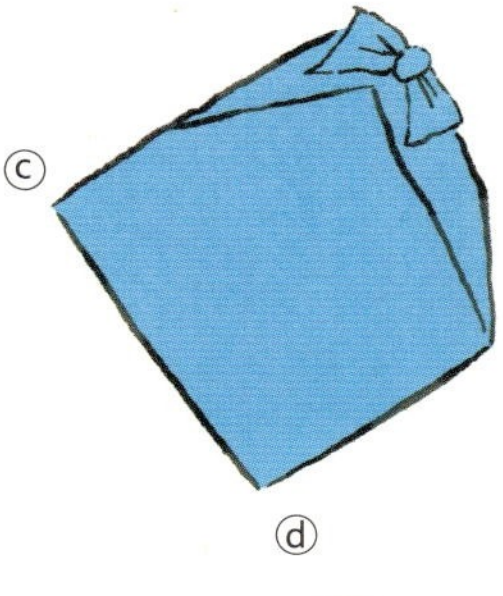

3 スイカなど、包むものを中に置き、両側の結び目を持ち上げる

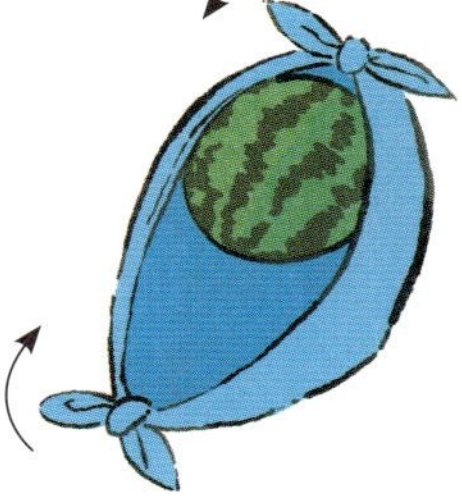

4 片方の結び目を、もう片方の結び目の下にくぐらせる

5 くぐらせた方を取っ手のように持つ

風呂敷を活用しよう

お中元やお歳暮を持参する際には、風呂敷で包むのが正式。基本の包み方（P.171）も覚えておこう

土用《どよう》の丑《うし》の日《ひ》

7月下旬〜8月上旬

季の句

小豆買《こ》うて煮んとぞ思ふ土用入《どよういり》

高浜虚子《きょし》

立秋（8月7日頃）前の約18日間を、「夏の土用」といいます。「土用の丑の日」は、土用の期間に巡ってくる丑の日のこと。「土用」は本来、立春・立夏・立秋・立冬の前の約18日間を指しますが、中でも夏の土用は、梅雨明けや大暑（P.108）と重なり、体調を崩しやすい時期です。夏バテしないよう、体にいいものを食べる「食い養生」の風習があり、うなぎをはじめ、特に「う」のつくものを食べて精をつけ、無病息災を祈ります。

夏の土用に食べたいもの

「う」がつくもの

うなぎや梅干し、うどんのほか、西瓜《すいか》や冬瓜《とうがん》、胡瓜《きゅうり》など旬の瓜類。どれも精がついたり、体を整えてくれたりするもの。

土用蜆《どようしじみ》

肝臓の働きを助けることから「土用蜆は腹薬《はらぐすり》」といわれる。

土用餅

あんころ餅のこと。餅は力餅ともいわれ、小豆は厄除けに通じる。

梅雨明けにぴったりの土用干し

季節はちょうど梅雨明けの頃。「土用干し」とは、梅雨の湿気を吸った衣類や書物、調度品などを陰干しすること。風を通して、カビや虫がつくことを防ぎます。また、6月に漬けた梅干しの梅を干すのにも最適な時期。水田では、一時的に水を抜いて土を乾かし、根の発育を促す「中干《なかぼ》し」も行われます。

本の虫干し

本の上部のほこりは、乾いた布などで払う。風通しがよく、直射日光が当たらない場所に広げて立てて、数時間、風を当てる

梅の土用干し

塩漬けにした梅を、晴天の日を選んで、三日三晩、天日干しする。梅干しづくりの最後の仕上げ

そのほかの土用干し

- 着物の虫干し
- 田んぼの中干し

「丑湯《うしゆ》」に入って病を予防する

丑の日には、桃の葉などの薬草を入れたお風呂「丑湯」に入り、無病息災を願う風習もあります。古来、桃には魔除けの力があるとされ、また、葉に含まれる成分のタンニンは、あせもや湿疹など肌トラブルにも効果があります。本来は桃の葉を煮出して行いますが、現代では入浴剤や地域の銭湯などでも「桃湯」が楽しめます。

大暑《たいしょ》

7月23日頃

季の句

兎《うさぎ》も片耳垂《た》るる大暑かな

芥川龍之介

二十四節気の「大暑」は、暑さが最も厳しくなる時期です。快晴が続き、気温も上がり続け、まさに「盛夏《せいか》」の日和が続きます。夏の土用の風習も、暑い時期を無事に乗り切るためのくらしの知恵といえます。

軒先に吊るす「釣忍《つりしのぶ》」は、みずみずしい緑が涼感を演出する、この時期ならではの風物詩。シダ植物のシノブの根を土台に巻きつけ、葉を茂らせて楽しむものです。風鈴をつけることも多く、澄んだ音でも涼を呼びます。

暑さに関する季語

極暑《ごくしょ》
極めて暑いこと。一年で最も気温が高い時期は、7月下旬から8月上旬にかけて。

熱帯夜
最低気温が25℃以上の夜。暑く、寝苦しい。

涼し
暑さの中に見つける涼しさのこと。木陰や水辺の涼しさ、音で感じる涼しさなど多彩。

昔ながらの知恵で暑さを乗り切る

年々暑くなる日本の夏。適宜エアコンを使用しながら、少しの工夫で涼を呼び込みましょう。例えば、朝夕に打ち水をするだけでも、まいた水が蒸発するときに地面の熱を奪い、体感温度が下がります。

打ち水

水がすぐに蒸発しないよう、朝と夕にまくと涼しさが持続する

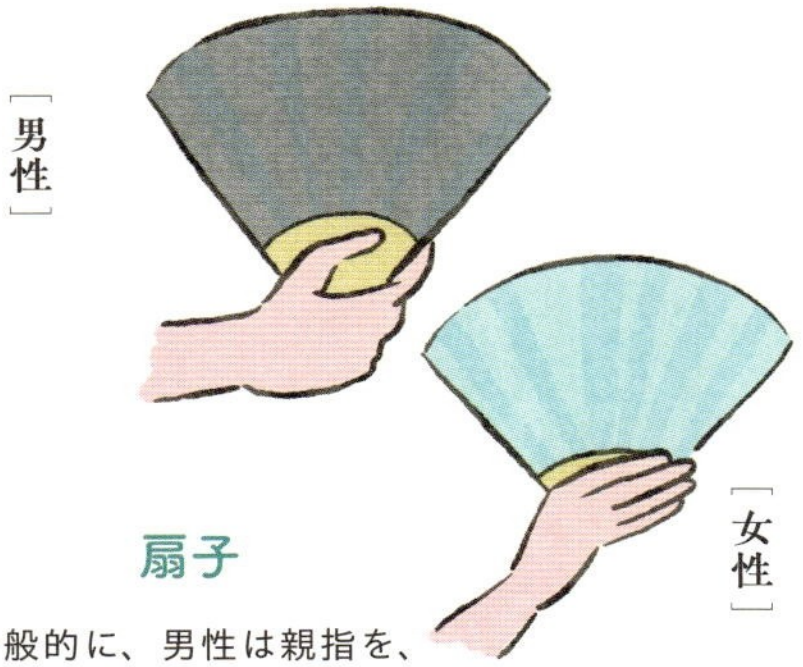

扇子

一般的に、男性は親指を、女性は手の甲を相手側に向けて持つ。ゆったりとあおぐと、見た目にも涼しげ

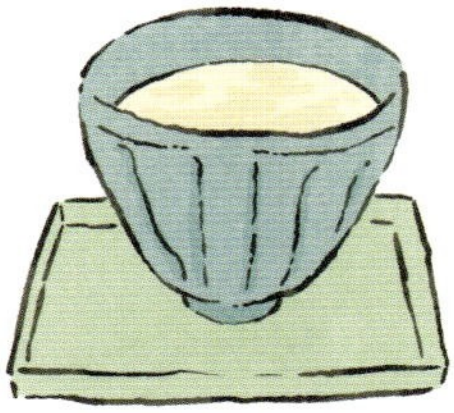

甘酒

「飲む点滴」といわれるように、疲労回復や免疫力ＵＰの効果がある。冷やして飲んでも美味

蝉の鳴く声で季節の移ろいを知る

聞こえてくる蝉の鳴き声も大きくなる時期。種類によって鳴く時期が微妙に異なるので、季節を知る指標にしてみては。

蝉の鳴き声と鳴く時期

［６～９月］
ニイニイゼミ…「チー」日中鳴く
ヒグラシ…「カナカナカナカナ」早朝・夕方に鳴く

［７～９月］
アブラゼミ…「ジリジリジージー」午後よく鳴く
ミンミンゼミ…「ミーンミンミンミン」日中に鳴く
クマゼミ…「シャシャシャシャシャ」午前中に鳴く

［８～９月］
ツクツクボウシ…「ツクツクボーシ」日中に鳴く

7月の主な行事・祭事

夏祭りが各所で開催されます。祭りのルーツはそれぞれですが、
京都の祇園祭《ぎおんまつり》や大阪の天神祭《てんじんまつり》のように、
夏に流行する疫病を退散させる目的で始まった祭りも多くあります。

数十軒の朝顔の売店が並ぶ

入谷《いりや》朝顔まつり

7月6・7・8日

東京・入谷鬼子母神《きしもじん》を中心に行われる朝顔市。江戸時代に入谷の植木屋が集まって始めました。朝顔の別名を「牽牛花《けんぎゅうか》」と呼ぶため、七夕前後の3日間に開催されます。

迫力の「船渡御《ふなとぎょ》」と花火

大阪天神祭

6月下旬～7月25日

大阪天満宮のお祭り。本宮《ほんみや》の7月25日に、大川（旧淀川）に約100隻もの船が行き交う船渡御が見もの。

観音様との縁を結ぶ「縁日」

四万六千日《しまんろくせんにち》・ほおずき市

7月9・10日

東京・浅草寺のほおずき市の別名は、「四万六千日」。7月9・10日は、1日の参拝で4万6千日分（およそ一生分）の功徳が得られるという「功徳日《くどくにち》」です。参拝客でにぎわう縁日に、かつて薬草として使われていたほおずきを売る市が立ったのが始まりです。

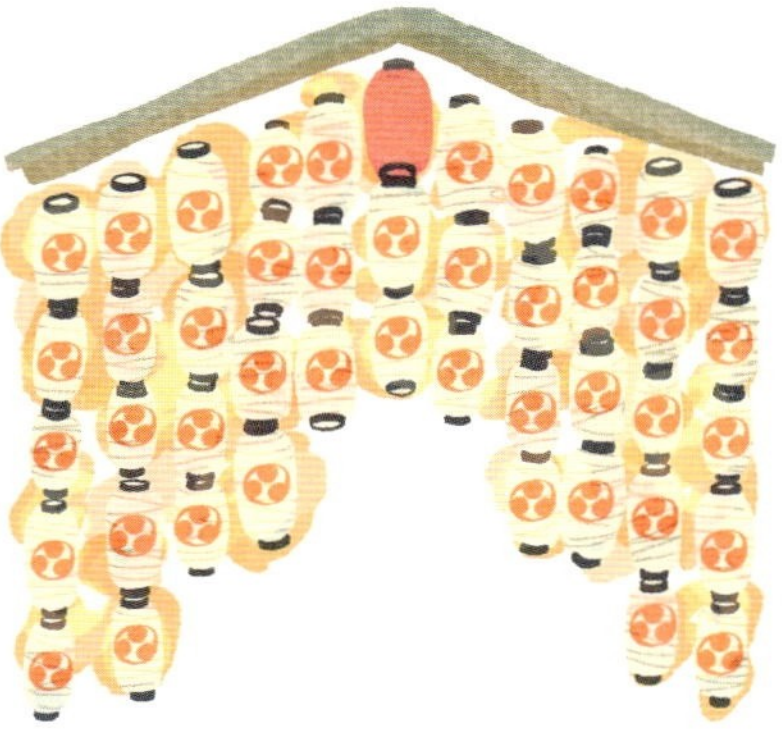

壮麗な「山鉾《やまほこ》」で知られる

祇園祭

7月1〜31日

京都・八坂《やさか》神社の祭礼です。平安時代に疫病・災厄の除去を祈願した祇園御霊会《ごりょうえ》が起源で、1か月にわたり、さまざまな祭事が行われます。祭りのハイライトは、17日（前祭《さきまつり》）と24日（後《あと》祭《まつり》）に行われる「山鉾巡行《じゅんこう》」と、それぞれの「宵山《よいやま》」です。

山鉾巡行では、「動く美術館」とも呼ばれる豪華な装飾品で飾られた山鉾（山《だ》車《し》の一種）が、通りを練り歩きます。宵山は、各巡行の前の3日間のこと。山鉾の前後に飾られた駒形《こまがた》提灯の明かりの中、山鉾を間近に鑑賞できます。

「山笠《やまかさ》」を神社に奉納する

博多《はかた》祇園《ぎおん》山笠《やまかさ》

7月1〜15日

福岡・博多の総鎮守として知られる、櫛田《くしだ》神社のお祭り。祭り期間中は「山笠」と呼ばれる山車が各所を巡行し、最終日の「追い山《やま》笠」では、早朝4時59分から7つの山笠が町中を疾走し、約5km先のゴールを目指します。

大松明《おおたいまつ》の炎が参道に映える

那智《なち》の扇祭《おうぎまつ》り（火祭り）

7月14日

和歌山・熊野那智大社の例大祭。太陽を模した「扇神輿《おうぎみこし》」12体が、本殿から那智の大滝まで渡御します。参道を浄めるため、重さ50kg以上もある大松明を掲げた人々が石段を上り下りする風景が圧巻です。

8月

葉月《はづき》

旧暦では秋の盛りで、木の葉が落ちる頃なので、「葉落月《はおちづき》」が転じた名前。初めて雁《かり》が飛来する「初来月《はつきづき》」の略とも。

8月の暦

1日	**八朔《はっさく》** 京都・祇園の花街の風習が知られる
7日頃	**立秋**
13〜16日	**盂蘭盆会《うらぼんえ》** 地域によっては7月13〜16日
23日頃	**処暑《しょしょ》**
24日頃	**地蔵盆《じぞうぼん》**

季の花

ヒマワリ

太陽に向かってまっすぐに茎を伸ばす夏の花。英名は「太陽の花」

フヨウ

大輪の花の華やかな印象から、美しい人のたとえにも使われる

ハス

「蓮《はす》は泥より出《い》でて泥に染まらず」といわれ、清廉潔白の象徴

季の果菜

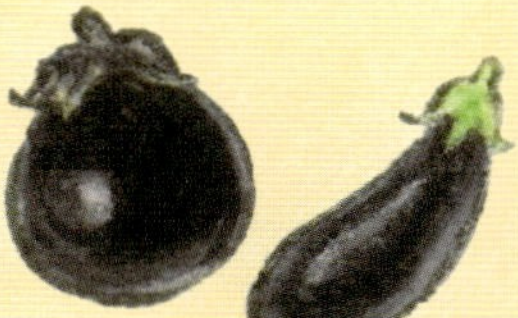

ナス

旬は初夏から秋までと長い。夏のナスはみずみずしさが特徴。丸ナスはしまった肉質で、田楽や煮物に向く

トウモロコシ

ひげが濃い茶色になると熟した印。薄皮をつけたまま、水からゆでると風味が落ちにくい

スイカ

約90％が水分で、体の熱をとってくれる。ビタミンやミネラルも豊富

季の鳥

カワセミ

漢字表記は翡翠《かわせみ》で、宝石の「翡翠《ひすい》」の名前の由来になった美しい小鳥。ハスの花にとまった「ハスカワ」の組み合わせも人気

季の魚介

アワビ

夏に漁が盛んに。縁起物で、昔は身を薄く削いで干し、伸ばしたものが、熨斗《のし》に使われた

タチウオ

太刀を思わせる外見が名前の由来。夏は特にあっさりと上品な味わいになる

8月の季語

踊《おどり》

盆踊りのこと。元はお盆に帰ってきた祖先の霊を慰め、送り出すために始まった

星月夜《ほしづきよ》

月がない秋の夜、満天の星が、月が出ているかのように明るく輝いている様子

桐一葉《きりひとは》

初秋、桐の木の葉が落ち始めること。中国の古典「一葉《いちよう》落ちて天下の秋を知る」に由来する

八朔《はっさく》

8月1日

季の句

炎天を来て燦然《さんぜん》と美人たり

久米三汀《くめさんてい》

「八朔」とは、「八月朔日《さくじつ》」の略で、朔日とは一日《ついたち》のことです。かつては八朔に、お世話になっている人に初穂《はつほ》（その年初めて収穫されたお米）を贈る風習がありました。京都・祇園の花街では、現在も8月1日に、芸妓や舞妓が正装してお茶屋や芸事の師匠のもとへあいさつ回りをし、日頃の感謝を伝える伝統が残ります。

「八朔」のあれこれ

豊作を祈る「田《た》の実《み》の節句」

旧暦の八朔は、田の実（稲穂）が実りの時期を迎える頃。そのため、昔は「田の実の節句」と呼ばれ、初穂の実りを感謝し、神様に豊作を祈った。やがて「田の実」が「頼み」に転じ、頼みにしている人に初穂を贈ったことから、恩人に贈り物をする習慣が生まれた。

柑橘類の「八朔」との関係

昔の人が「八朔（8月1日）には食べられる」と言ったことから名づけられたとか。ただし、本当の食べ頃は冬から春にかけて。

8月

立秋《りっしゅう》

8月7日頃

季の歌

秋来ぬと目にはさやかに見えねども
風の音にぞおどろかれぬる

藤原敏行「古今和歌集」

立秋は二十四節気のひとつ。「秋が立つ」と書くように、暦の上では秋が始まります。とはいえ、まだまだ厳しい暑さが続く時期。そのため、あいさつや手紙では、「残暑」という言い方で暑さを表します。

「蝉」は夏の季語ですが、「蜩《ひぐらし》」と「法師《ほうし》蝉《ぜみ》(つくつくぼうし)」は秋の季語で、「秋の蝉」とも呼ばれます。特に法師蝉は、この時期から本格的に鳴き始め、名前の通りの鳴き声を響かせるため、秋を感じる人も多いはず。一方、蜩は夏至の頃から鳴いていますが、日暮れ近くに「カナカナカナ」という高く澄んだ声を響かせる様子が、ものさびしい秋の雰囲気と重なります。

「暑中見舞い」から「残暑見舞い」へ

立秋を過ぎたら「残暑見舞い」

季節のあいさつ状も、立秋を過ぎたら「残暑見舞い」に切り替える。処暑《しょしょ》(8月23日頃)までを目安に、遅くとも8月中に出すようにする。

残暑見舞いの言葉のマナー

「盛夏」「向暑《こうしょ》」は暑中見舞い向けの文言なので避け、「晩夏」「立秋」「秋暑《しゅうしょ》」などを使う。また、相手が目上の場合は、「お見舞い」ではなく「お伺い」に。「残暑お伺い申し上げます」とすると礼儀にかなう。

盂《う》蘭《ら》盆《ぼん》会《え》

8月13〜16日

先祖の霊（祖霊《それい》、精霊《しょうりょう》）を供養する「お盆」は、「盂蘭盆会」ともいい、釈迦が地獄に落ちて苦しむ人を救った「ウラバンナ」という故事に由来します。

お盆には各家庭で祖霊を迎え、盆棚《ぼんだな》に祀ります。盆棚には真菰《まこも》の筵《むしろ》を敷き、位牌を並べ、お供え物を供えるのが一般的です。

季の句

迎火《むかえび》や風に折戸《おりど》のひとり明《あ》く

大島蓼太《りょうた》

お盆のスケジュールの一例（7月または8月）

■ **7日 七日盆《なぬかぼん》**
墓をそうじする

■ **12日 草市《くさいち》（盆市《ぼんいち》）**
草市でお供えや盆花《ぼんばな》、ろうそくなどを買う

■ **13日 迎え盆**
盆棚をしつらえる。墓参りに行き、迎え火を焚いて精霊を迎える。お盆の期間は、盆棚の灯明を絶やさず、食事を供える

■ **15日 盆中日《ちゅうにち》／藪入《やぶい》り**
外に出ていた家族も帰省する。親戚の盆棚にもお参りする

■ **16日 送り盆**
送り火を焚き、盆棚を片づけて、精霊を送る。15日に行う地方もある

※地域によって風習は異なります。

先祖の霊が迷わないようお迎えする

先祖の霊は、火や灯りを目印に戻ってくるとされます。「迎え盆」や「盆の入り」とも呼ばれるお盆初日は、迎え火や盆提灯で、祖霊を招きます。迎え火で焚く「苧殻《おがら》」は、皮をはいだ麻の茎。麻は古来、神聖な植物とされ、場を浄める意味もあるようです。

盆提灯

先祖の霊が迷わず帰るための目印。盆棚の脇に飾ったり、玄関先に下げたりする

迎え火

夕暮れ時に、玄関前や門前で苧殻（麻の茎）などを焚き、先祖の霊を招く

ほおずき

帰る道を照らす提灯を表す。盆棚に吊るしたり、盆花と一緒に飾ったりする

簡単な盆棚づくり

小さな机などに、香《こう》（線香）・花・灯《あかり》・水・食べ物（基本の五供《ごく》）を供え、精霊《しょうりょう》馬《うま》を加えれば、盆棚の出来上がり。花は一般的な菊などでもよいですが、禊萩《みそはぎ》に山百合《やまゆり》、桔梗《ききょう》、女郎花《おみなえし》などの秋の花々が、昔ながらの盆花です。

精霊馬をつくろう

胡瓜《きゅうり》と茄子《なす》に割り箸などで足をつけ、馬と牛に見立てる。祖霊は足の速い馬に乗って来て、牛でゆっくり帰っていくという

お供えは精進料理

「精進」には、仏の教えに従い、修行に励むという意味があります。仏教では殺生を禁じているので、肉や魚を除き、野菜や穀類中心の精進料理をお供えします。同じものを、ご先祖様と一緒にいただきましょう。精進揚げ（野菜の天ぷら）に、煮しめ（野菜の煮物）、そうめんなどが一般的です。また、白米と一汁三菜を基本とした小型のお膳「御霊供膳《おりょうぐぜん》」を供える風習もあります。

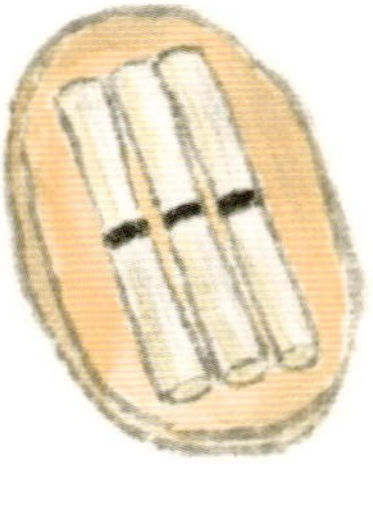

無縁仏をもてなす「水の子」

盆棚のお供え物に、「水の子」を供えることがあります。水の子は、賽《さい》の目に刻んだ茄子《なす》や胡瓜《きゅうり》に洗い米を混ぜ、蓮《はす》の葉にのせたもので、餓鬼道《がきどう》に落ちた無縁仏を供養する意味があります。また、禊萩《みそはぎ》に水を含ませ、水の子にふりかけたりします。禊萩は名前の通り、浄めの意味を持つ盆花。無縁仏の喉の渇きを潤すといわれます。

［水の子］

［ミソハギ］

精霊を送る「五山《ござん》の送り火」

お盆の最終日には、迎え火と同じように送り火を焚き、先祖の霊をあの世に送ります。8月16日の夜に行われる、京都の「五山の送り火」も、精霊を送る伝統行事です。

五山の送り火の文字といわれ

大文字	如意ヶ嶽《にょいがたけ》（大文字山）に灯る、一番大きな送り火。空海の筆など、起源には諸説ある
妙法	法華経《ほけきょう》に由来する文字
船形	船首が西方浄土《さいほうじょうど》を向いているといわれる
左大文字	金閣寺北の大北山《おおきたやま》に灯る。東山の大文字に対して「左大文字」と呼ばれる
鳥居形	送り火の中で最も美しいといわれる

送り火の一種「灯籠《とうろう》流し」

「精霊《しょうりょう》流し」ともいわれます。火を灯した灯籠や、お供え物をのせた精霊《しょうりょう》舟《ぶね》を、川や海に流し、先祖の霊を送り出す風習が各地に残ります。

8月に行われる有名な灯籠流し

- ピースメッセージとうろう流し（広島）
- 嵐山灯籠流し（京都）
- 永平寺《えいへいじ》町大燈籠ながし（福井）

菊

光が尾を引きながら丸く広がる

蜂

蜂が飛ぶように、光が不規則に動く

冠《かむろ》

光が尾を引いて流れ落ちる。おかっぱ頭の昔の呼び方「禿《かむろ》」に似ているので名づけられた

牡丹《ぼたん》

光の点が尾を引かずに丸く広がる

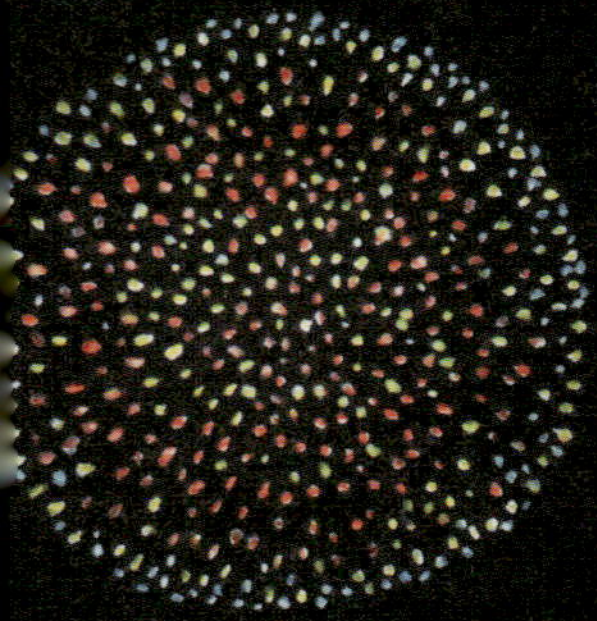

花火大会の起源は慰霊のため

日本の花火大会の始まりは、1733年に大川（現在の隅田川）で行われた水神祭です。江戸ではその前年、大飢饉と疫病の流行で多数の死者が出ました。その慰霊と悪疫退散のために水神祭が催され、打ち上げ花火が上げられたのです。花火大会のかけ声の定番、「玉屋《たまや》」と「鍵屋《かぎや》」は、そこで活躍した花火師の屋号です。

これが隅田川花火大会の起源で、夏の期間は各地で花火大会が行われるようになりました。

4つの草花の姿で散る

線香花火の散り方

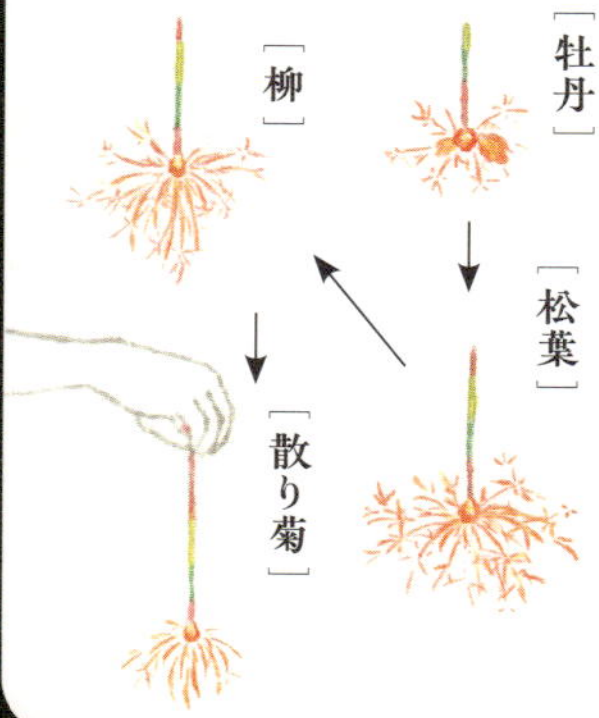

地域の盆踊りに参加してみよう

盆踊りは、訪れた精霊を慰め、共に踊り、またあの世へと送り出す行事。昔から娯楽的な要素も強く、地域の交流や、人と人との出会いの場にもなってきました。

盆踊りには、やぐらを中心に輪になって踊る「輪踊り」と、踊りながら行進する「流し踊り」があります。どちらも基本的には飛び入り参加OKです。最初は見よう見まねでかまいません。一緒に踊って、楽しんでみてはいかがでしょうか。

踊りは足の動きがポイント！

盆踊りは、手よりも足の動きに重点が置かれる場合が多い。これは、「神送り」につながる地を踏む動作に鎮魂の意味があり、「踊」の字にも足偏が入るため。

8月

処暑《しょしょ》

8月23日頃

季の歌

夏と秋とゆきかふ空のかよひぢは
かたへ涼しき風や吹くらむ

凡河内躬恒《おおしこうちのみつね》「古今和歌集」

二十四節気の「処暑」の「処」は、落ち着くという意味で、暑さがおさまる頃ということ。朝晩に秋の気配を感じる時期です。

「萩《はぎ》の花　尾花《おばな》　葛花《くずはな》　なでしこの花　をみなへし　また藤袴《ふじばかま》　朝顔の花」と、万葉集に詠まれたように、秋の七草が野を彩り始めます。「尾花」は芒《すすき》、「朝顔」は桔梗《ききょう》を指します。

季節の変わり目の言葉

行《ゆ》き合《あ》いの空

立秋を過ぎると、地上は暑い盛りでも、空の上では夏と秋が行き交うようになる。夏の入道雲の上に、秋らしいうろこ雲が広がるなど、2つの季節が入り混じる様が趣深い。

春捂秋凍《しゅんごしゅうとう》

中医学の言葉で、「春は厚着に、秋は薄着に」という意味。春と秋の気温変化に、体を少しずつ慣らしていく養生法。秋になっても急に厚着はせず、徐々に冷たい空気に体を慣らしていくことで、冬に向けて寒さに強い体をつくる。

地《じ》蔵《ぞう》盆《ぼん》

8月24日頃

季の句

地《じ》蔵《ぞう》会《え》やちか道を行く祭り客

与謝蕪村

毎年8月24日の地蔵菩薩の縁日の頃に、京都をはじめ、関西地域を中心に行われるお祭りです。お地蔵様は、子どもを守る神様として信仰されているため、お祭りの主役はお地蔵様と子どもたち。お地蔵様は花や供物で飾りつけられ、子どもたちはその祭壇の前で、お菓子を食べながらゲームに興じるなど、楽しい時間を過ごします。

みんなで輪になって、長さ数mの大きな数珠を囲んで座り、数珠を回しながら念仏を唱える「数珠回し」が行われることもあります。

お地蔵様にまつわるあれこれ

「赤」は子どもを守る色

赤いよだれかけや赤い頭巾を身につけるのは、赤ちゃんが丈夫に育つようにという願掛けから始まったといわれる。

6体ずつ並ぶ理由

「六道《ろくどう》」といって、生き物が輪廻転生《りんねてんせい》で巡る6つの世界全てに、6体の地蔵が赴き、救済を行うという考えに基づく。

8月の主な行事・祭事

東北三大祭りの「青森ねぶた祭《まつり》」「秋田竿燈《かんとう》まつり」「仙台七夕まつり」が、相次いで開催されます。いずれも、旧暦7月に行われてきた七夕祭りとお盆行事に由来するお祭りです。

迫力の山車《だし》と踊り子の競演

青森ねぶた祭

8月2～7日

「ねぶた」と呼ばれる山車に続き、「ラッセラー」のかけ声と共に、踊り手の「跳人《はねと》」たちが踊り歩きます。ねぶたは灯籠《とうろう》の一種で、七夕祭りと精霊《しょうりょう》送りの風習が一体化して始まったといわれます。

「竿燈」の光が夜を彩る

秋田竿燈まつり

8月3～6日

長い竹竿に数十個の提灯を吊り下げた「竿燈」を、「差し手」たちが手から額、肩などに移し変えながら自在に操り、技を競います。笹竹に短冊を飾って町を練り歩いた七夕祭りに由来するといわれ、邪気を払い、五穀豊穣を願います。

約3000の七夕飾りが並ぶ

仙台七夕まつり

8月6～8日

仙台市内の大通りに、色とりどりの和紙を使った吹き流しやくす玉などが飾られます。仙台藩祖の伊達政宗の時代から続く七夕の祭りで、豊作を田の神に祈る意味もあります。

「ヨサコイ節」にのって踊る

よさこい祭り

8月9～12日

踊り子たちがチームに分かれ、「鳴子《なるこ》」という打楽器を鳴らしながら市内を踊り歩く「土佐のカーニバル」。戦後、地域の活性化を目的に誕生した高知のお祭りです。

30夜以上にわたって踊る

郡上《ぐじょう》おどり

7月中旬～9月上旬

7月中旬の「おどり発祥祭」に始まり、30夜以上にわたって行われる盆踊り。お盆の8月13～16日の4日間には、徹夜で踊り明かす「徹夜おどり」も行われます。

400年超の歴史を持つ盆踊り

阿波《あわ》おどり

8月11～15日

お囃子《はやし》の軽快なリズムに合わせて、右手と右足、左手と左足を交互に出して踊る「阿波おどり」。徳島県の夏の風物詩です。「ヤットサー」のかけ声と共に、自由でダイナミックな男踊りと、上品でしなやかな女踊りに分かれて踊ります。

ハギ

「万葉集」に最も多く詠まれた花。赤紫の小さな花が、こぼれるように散る様子も美しい

季の花

ヒガンバナ

秋の彼岸頃に咲くため、ついた名前。群生し、同じ時期に開花する

リンドウ

青紫色の釣り鐘形の花が上向きに咲く。秋の山野草の代表格

9月

長《なが》月《つき》

夜がだんだん長くなる頃なので、「夜長《よなが》月《つき》」の略といわれる。また、秋の長雨《ながあめ》が続くので、「長《なが》雨《め》月《つき》」の略とも。

9月の暦

1日	防災の日
1日頃	二百十日《にひゃくとおか》
7日頃	白露《はくろ》
9日	重陽《ちょうよう》の節句
中旬	十五夜 旧暦8月15日の夜を「十五夜」という
第3月曜日	敬老の日
23日頃	秋分の日(彼岸の中日《ちゅうにち》)

季の鳥

サシバ

里山にすむ中型のタカ。秋は群れで南方へ渡る姿が各地で観察できる

ヒヨドリ

「ヒーヨ」と響く鳴き声が名前の由来。秋に山から里へ下りてきて、木の実や果実を食べる

季の魚介

秋サケ

産卵期を迎えた秋のサケは、川を遡上するため沿岸に集まってくる

サンマ

秋に旬を迎えることと、刀のような見た目から「秋刀魚《さんま》」と呼ばれる

季の果菜

ブドウ

出荷量がピークを迎える。青々とした緑色の軸が鮮度の高い証し

ナシ

丸形の「日本ナシ」の旬。みずみずしく、残暑の水分補給にも向く

9月の季語

花野《はなの》
秋の草花が咲き乱れる野原。春の「花」は桜と同義だが、秋の「花」は可憐な野の花々を指す

爽《さわ》やか
空気がさらりと乾いて心地よい、秋のすがすがしさのこと

竹の春
春、竹はたけのこに栄養を与えるために葉を黄色く枯らす。そして、秋にまた青々と葉を茂らせる様子を「竹の春」と呼ぶ

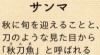

防災《ぼうさい》の日《ひ》

9月1日

1923年9月1日に発生した関東大震災は、死者・行方不明者が10万人を超える大災害となりました。「防災の日」は1960年に、震災犠牲者の慰霊と共に、災害に備えて避難訓練や防災用品の点検などを促す目的で制定されました。

台風が集中する時期でもあります。9月1日頃は「二百十日《にひゃくとおか》」といって、昔から厄日とされてきました。これを機会に、防災用品の見直しや避難経路の確認を行いましょう。

季の句

震災忌《しんさいき》向《むき》あうて蕎麦《そば》啜《すす》りけり

久保田万太郎

主要な備蓄品のチェックリスト

- □ **飲料水**
  1人1日3ℓ×3日分が目安。家族分を用意
- □ **食料品**
  3日分が目安。調理の手間が少ないもの
- □ **簡易トイレ**
  1日の平均排泄回数は1人5回。3日分で15個が目安
- □ **貴重品類**
  現金は必須。小銭を含め2万円ほどあると安心
- □ **懐中電灯、ランタン**
- □ **携帯ラジオ**
- □ **モバイルバッテリー**
- □ **カセットコンロ**
- □ **ポリタンク**
- □ **トイレットペーパー**

「ローリングストック」で日常から備えを

災害時用の食料の備蓄には、「ローリングストック」がおすすめ。普段から少し多めに食料・飲料を備蓄（ストック）しておきます。備蓄は日常生活で消費し、使った分だけ買い足します。常に新しいものと入れ替えることで、いざというときの賞味期限切れを防ぐことができます。

- □ 衛生用品（消毒液、ウェットティッシュ、マスク、歯磨き用品）
- □ 生理用品
- □ 救急用品、常備薬
- □ 軍手、ヘルメット、ホイッスル
- □ ビニール袋

このほか、食品用ラップや、紙皿・紙コップがあると、断水時などに便利

「ハザードマップ」で避難所の確認を

ハザードマップとは、自然災害の被災想定区域や避難場所・避難経路などを表示した地図。平常時から家族で、避難所の位置や、災害時の連絡のとり方について、確認しておきましょう。災害時に通信がつながりにくくなった場合に提供される「災害用伝言ダイヤル（171）」もあります。

二百十日《にひゃくとおか》

9月1日頃

雑節《ざっせつ》のひとつで、立春（2月4日頃）から数えて210日目にあたる日です。稲の花が開花を迎える重要な時期ですが、台風シーズンのただ中で、収穫間近の稲が倒れてしまうなど農作物に甚大な被害が出ることも多く、昔から厄日として警戒されてきました。

そのため各地に、風を鎮め、豊作を祈る「風祭《かざまつ》り」の風習が残ります。富山・越中八尾《やつお》の「おわら風の盆」も、そのひとつ。毎年9月1〜3日には、そろいの浴衣に編み笠をつけた踊り手たちが、哀愁漂う「越中おわら節」にのせて、踊りながら町中を流し歩きます。

季の句

日照年《ひでりどし》二百十日の風を待つ

山口素堂《そどう》

台風の季節の季語

野分《のわき》
野の草を吹き分ける嵐のような強風。秋の季語で、主に台風のことを指す。昔の人は、野分が通り過ぎた次の日、草木がなぎ倒された荒々しい風景にも趣を感じていた。

芋嵐《いもあらし》
収穫間近の里芋の葉に吹きつける強い風のこと。芋の葉は、白い葉裏を見せて波立つ。

白露《はくろ》

9月7日頃

9月

季の歌

馬追虫《うまおい》の髭《ひげ》のそよろに来る秋は
まなこを閉ぢて想ひ見るべし

長塚　節《たかし》

二十四節気の「白露」は、露が降り、白く輝く頃のこと。夜に気温が下がり、空気中の水蒸気が冷やされると、水滴（露）となって草木につきます。秋は昼夜の気温差が大きいため、一年で最も露が降りやすい季節とされています。

　草の間から、秋の虫の声が聞こえてきます。人々が野山に出かけて鳴き声を楽しむ「虫聞き」は、平安時代に始まったといわれる風雅な習わしです。また、捕らえた虫を虫かごに入れて、屋内でもその音色を楽しみました。

秋の虫の声を聴き分けよう

鈴虫《すずむし》……「リーン、リーン」
蟋蟀《こおろぎ》……「コロコロコロリー」
松虫《まつむし》……「ティッティリリ、ティッティリリ」
馬追《うまおい》……「スイーッチョン、スイーッチョン」
螽斯《きりぎりす》……「ギーッチョン、ギーッチョン」
邯鄲《かんたん》……「ルルルル…」

重陽《ちょうよう》の節句《せっく》

9月9日

季の句

菊の香《か》や奈良には古き仏達

松尾芭蕉

「重陽の節句」は、五節句のひとつ。最も大きな陽数《ようすう》（奇数）の「九」が重なる日に不老長寿を願う行事で、かつては盛んに行われました。

「菊の節句」とも呼ばれます。菊は古来、薬草として使われ、長寿の効能があるとされていました。この日、平安時代には、宮中で「菊花宴《きっかえん》」が催され、菊の花を飾り、菊の花びらを入れた「菊酒《きくざけ》」を飲んだといいます。江戸時代からは、収穫期を迎えた栗のご飯を食べる風習も生まれ、「栗の節句」とも呼ばれます。

菊を使った節句の風習

菊湯

湯船に菊の花を浮かべて入る。

菊枕《きくまくら》

乾燥させた菊の花びらを詰めた枕で眠り、香りで邪気を払う。

菊の被《き》せ綿《わた》

重陽の節句の前夜、菊の花に綿をかぶせておく。翌朝、朝露と菊の香りを含んだ綿で体を拭うと、長生きできるそう。

十五夜《じゅうごや》

9月中旬

季の歌

白雲《しらくも》に羽うちかはし飛ぶ雁《かり》の
かずさへみゆる秋の夜の月

よみ人知らず「古今和歌集」

旧暦8月15日（新暦では9月中旬）の「十五夜」の月は、「中秋の名月」とも呼ばれ、一年で最も美しいとされます。旧暦では7〜9月が秋にあたるため、「中秋」は秋の真ん中という意味。秋晴れの夜空に、月がひと際はっきりと見える季節です。

十五夜のお月見は、当初は貴族の間で行われる風習でしたが、やがて秋の実りを月に感謝する行事として、民間に広がりました。芋類の収穫祝いも兼ねるため、「芋名月《いもめいげつ》」とも呼ばれます。

十五夜のお供え

すすき

実った稲穂に見立て、月の神様の「依《よ》り代《しろ》」にする。

里芋、さつま芋

収穫への感謝を込めて。芋類のほか、季節の収穫物を盛る。

月見団子

満月に見立てた丸い団子を、十五夜にちなんで15個盛る（下から9個・4個・2個）。京都では、だ円形の団子をこしあんで巻き、里芋を模す。

月のあれこれ

かつて旧暦で暮らしていた日本人は、
月の満ち欠けで月日を知り、農作業や行事を
行いました。また、電気の明かりがない夜は、
月明かりがたよりでした。昔の人にとって、
月は生活に欠かせないものだったのです。

新月《しんげつ》（朔《さく》）

「朔」は始まりという意味。月の満ち欠けはここから始まる

二日月《ふつかづき》

日が沈んだ後の少しの間、西の空に糸のように細く見える

三日月《みかづき》

日が沈む頃、西の低い空に見える。「眉《まゆ》月《づき》」とも呼ばれる

弓張月《ゆみはりづき》

「半月」「上弦の月」ともいい、弓の弦《つる》の方を上にして沈む

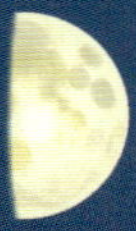

十三夜《じゅうさんや》

古来、「満月の次に美しい月」といわれ、月見の宴が催された

待宵月《まつよいづき》

14日目の月。「小望《こもち》月《づき》」ともいい、望月（満月）の前夜

望月《もちづき》

「満月」「十五夜」とも。旧暦8月が最も美しいとされる

十六夜《いざよい》

いざよう（ためらう）月。満月以降は月の出が遅くなるため

立待月《たちまちづき》

17日目の月。日没後、立って待つ間に出てくる月

居待月《いまちづき》

18日目の月。立って待っていては疲れるので座って待つ

寝待月《ねまちづき》

19日目の月。「臥待《ふしまち》月《づき》」とも。月の出が遅いので寝て待つ

更待月《ふけまちづき》

20日目の月。夜が更けてから昇る

満ち欠けで名前が変わる

旧暦は、月の満ち欠けを基準にした暦です。新月を一日《ついたち》（朔日《さくじつ》）として日付を数えたため、日付と月の呼び名は一致していました。

和歌に詠まれた月

昔の和歌の中にも、多くの「月」が登場します。例えば、「月影《つきかげ》」は「月の光」、「夜半《よわ》の月」は、真夜中の美しい月のこと。「有明《ありあけ》の月」は明け方の空に残る月のことで、十六夜以降の、夜も更けてから昇る月を指します。

［日本］
餅をつく
ウサギ

［北ヨーロッパ］
本を読む
おばあさん

［南ヨーロッパ］
大きな
はさみのカニ

同じ月の模様を見ていても…

月の模様の明るい部分は高地で、薄暗い所は「海」と呼ばれる低地です。地球のどこから見ても模様は同じですが、どう見立てるかは、国や文化によってさまざま。日本人が「うさぎが餅をついている」と考えるのは、仏教の説話に由来します。

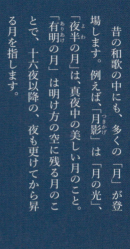

敬《けい》老《ろう》の日《ひ》

9月第3月曜日

季の詩

人生七十《じんせいしちじゅう》　古来稀《こらいまれ》なり

杜甫曲江《とほきょくこう》

　お年寄りに感謝の気持ちを表し、長寿を祝う日です。兵庫県で始まった「としよりの日」に由来する祝日で、２００３年にハッピーマンデー制度で月曜日になる前は、9月15日でした。

　昔は、干支が生まれた年に還る「還暦」を長寿の指標にし、「生まれ直す」と捉えて、赤ちゃんになぞらえた赤いちゃんちゃんこで祝福しました。平均寿命が延びた現在は、70歳の古希には紫のちゃんちゃんこを着るなど、習慣が多様化しています。

長寿を祝う節目の年

還暦《かんれき》	60歳	干支の十干《じっかん》十二支が60年で一巡することから
古希《こき》	70歳	杜甫の詩「人生七十古来稀なり」に由来
喜寿《きじゅ》	77歳	「喜」を草書体で書くと「七十七」と読めることから
傘寿《さんじゅ》	80歳	「傘」の略字が「八十」と読めることから
米寿《べいじゅ》	88歳	「米」の字を分解すると「八十八」と読めることから
卒寿《そつじゅ》	90歳	「卒」の略字が「九十」と読めることから
白寿《はくじゅ》	99歳	「百」の字から「一」を引くと「白」になることから

さば雲

鯖《さば》の背にあるまだら模様のように、波状になって広がる

いわし雲

鰯《いわし》の群れのように見える。鰯が大漁になる兆しともいわれる

うろこ雲

薄く小さな雲が連なる様子が、魚のうろこに似ている

ひつじ雲

羊の群れに似ている。うろこ雲より、ひとつひとつの雲が大きい

観察しよう、秋の雲

いわし雲、さば雲、うろこ雲は、高度5000～1万3000mに現れる「巻積雲《けんせきうん》」、
ひつじ雲は高度2000～7000mに現れる「高積雲《こうせきうん》」の俗称です。
いずれも一年を通して見られる雲ですが、
空が澄み渡る秋は、上空まで見通しがきき、
空の高い所にできるこれらの雲も見えやすくなります。

秋分《しゅうぶん》

9月23日頃

季の句

むらがりていよいよ寂しひがんばな

日野草城《そうじょう》

「秋分の日」は、昼と夜の長さがほぼ等しくなる日。「春分」と同じく、二十四節気のひとつです。

秋分の日を中日《ちゅうにち》とした前後の各3日、計7日間を「秋のお彼岸」といいます。墓参りなどの風習は春のお彼岸と同じ。春の「牡丹餅《ぼたもち》」に対して、秋は「お萩《はぎ》」がお供えの定番です。

日々の寒暖差が激しく、夏の疲れも残るこの時期、「秋バテ」を起こす人もいます。主な原因は、自律神経の乱れと冷え。規則正しい生活を心がけ、食事や入浴で体を温めることで改善する場合も多いようです。

「彼岸花」のいろいろな名前とその由来

彼岸花

秋の彼岸の頃に咲くため。

曼殊沙華《まんじゅしゃげ》

サンスクリット語で「天界の花」という意味。仏教の経典では、天が祝福のため地上に降らせる花とされた。

痺《しび》れ花《ばな》

全体にアルカロイド系の毒を持つ。土葬が一般的だった昔、獣を寄せつけないため、墓地に植えられたという。

葉見ず花見ず

開花時には葉がなく、葉と花を同時に見られないという特徴から。

新米を楽しもう

9～10月は、新米が出回る時期。新米とは、秋に収穫され、年内に精米・販売される米のこと。水分量が多く、やわらかく粘りのある食感が特徴です。

炊飯のコツ❶

やさしく研ぐ

洗米時は指先を使い、やさしくかき混ぜる。新米はやわらかく、表面も傷つきやすいため、短い時間でやさしく洗う

炊飯のコツ❷

浸水時間は短めに

30分～1時間、浸水させる。新米は浸水させすぎると、ふやけて食感が落ちる。炊飯器によっては、もともと浸水なしで炊ける機種もあるので確認を

炊飯のコツ❸

水加減は様子を見て

水加減はいつも通りでOK。べたつきが気になる場合は、好みに合わせて、1合につき大さじ1程度減らす

「おひつ」を使ってみよう

木製のおひつは、調湿機能に優れており、炊きたてのご飯の水分をほどよく調節し、ふっくらとした食感を持続させてくれる。おひつを使えば、冷やご飯もしばらくはそのままでおいしいというメリットが

10月

神《かん》無《な》月《づき》

神を祀る月である「神の月」が語源。「無」は「の」の意。全国の神が出雲に集まっていなくなるという「神無月《かみなしづき》」の説も。

10月の暦

1日	衣替え 別名は「後《のち》の衣替え」
8日頃	寒露《かんろ》
第2月曜日	スポーツの日
中旬	十三夜 別名は「栗名月」「豆名月」
23日頃	霜降《そうこう》
27日～11月9日	読書週間
31日	ハロウィーン

季の花

キク

古来、高貴な花として愛された。秋は各地で菊祭りが開かれる

コスモス

野原などに群生し、風に揺れる様子が、「秋《あき》桜《ざくら》」として親しまれる

キンモクセイ

甘い香りで秋を知らせる。9里（約35km）先まで香るといわれたことから、別名は「九里香《きゅうりこう》」

季の鳥

マガン

最も一般的なガンの一種。文学などに描かれる「雁《かり》」の多くはマガンを指す

モズ

小型の猛禽類。秋になるとかん高い声で鳴く「もずの高鳴き」をして、縄張りを主張する

季の魚介

フグ

旬は「秋の彼岸から春の彼岸まで」といわれる。冬はふぐちりやヒレ酒などが好まれる

秋サバ

「秋鯖《さば》は嫁に食わすな」というほど、脂がのっておいしくなる

季の果菜

カキ

栄養豊富な秋の味覚。干し柿は平安時代から、保存食として重宝されていた

マツタケ

主にアカマツの根元に生える。新鮮なほど、香りが高く風味がよい

10月の季語

山粧《よそお》う

秋の山を擬人化し、紅葉を化粧にたとえた。中国の詩「秋山明浄《めいじょう》にして粧うが如《ごと》し」が原典

秋《あき》麗《うらら》

よく晴れて穏やかな秋の日のこと。のどかな日和を表す春の季語「麗か」にも通じる言葉

そぞろ寒《さむ》

そぞろには「なんとなく」という意味もあり、季節が移ろう中で思わず感じる寒さのこと

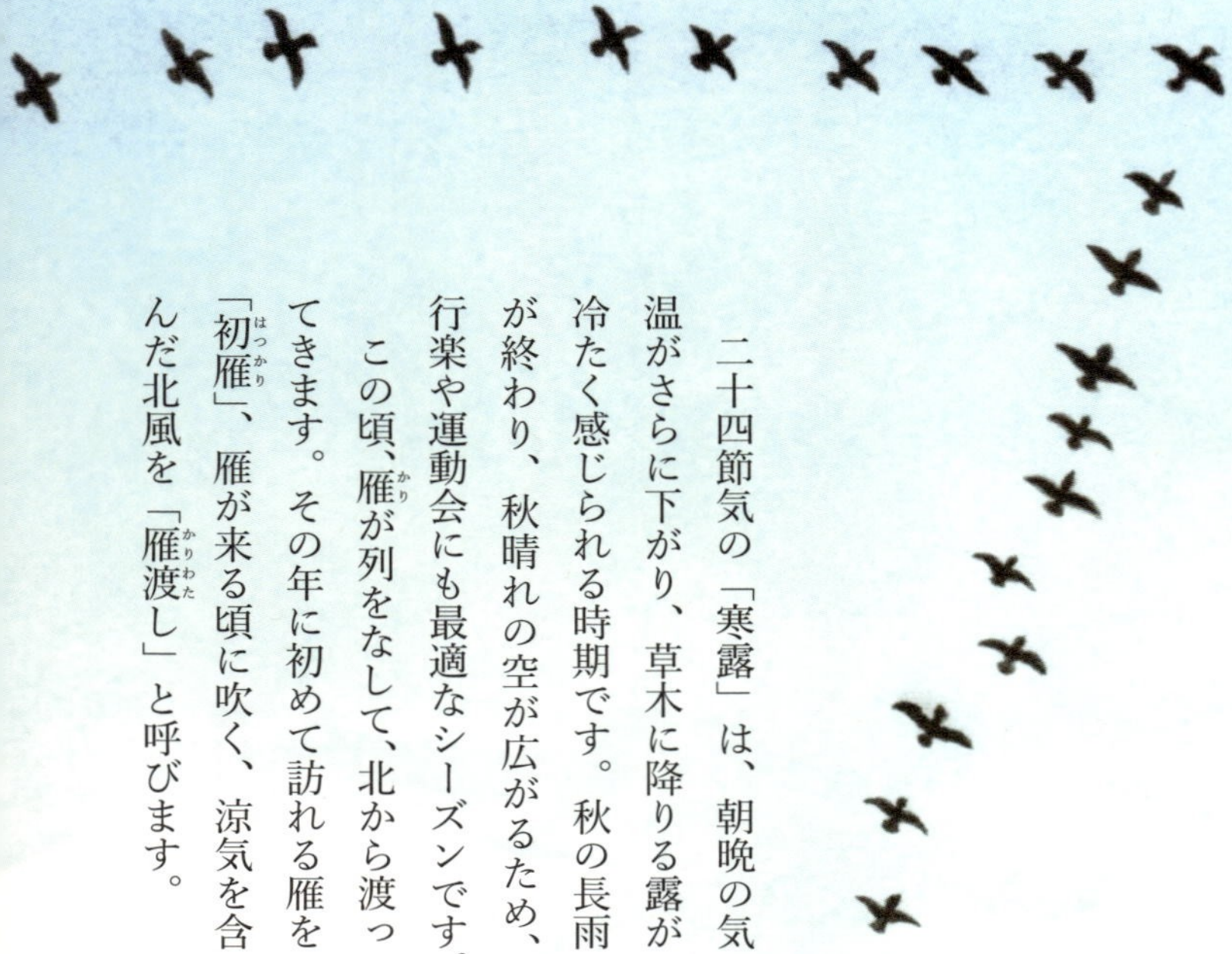

寒露《かんろ》

10月8日頃

季の句

木曽川《きそがわ》の今こそ光れ渡り鳥

高浜虚子

二十四節気の「寒露」は、朝晩の気温がさらに下がり、草木に降りる露が冷たく感じられる時期です。秋の長雨が終わり、秋晴れの空が広がるため、行楽や運動会にも最適なシーズンです。

この頃、雁《かり》が列をなして、北から渡ってきます。その年に初めて訪れる雁を「初雁《はつかり》」、雁が来る頃に吹く、涼気を含んだ北風を「雁渡《かりわた》し」と呼びます。

10月は「神無月《かんなづき》」、それとも？

島根県では「神在月《かみありづき》」

10月の別名「神無月」は、全国の八百万《やおよろず》の神々が年に一度、島根県・出雲大社に集まって会議を開くため、各地の神様がいなくなってしまうことからつけられたという説もある。反対に、神様が集まる島根県では、「神在月」と呼ぶ習慣もある。

留守番をする神様もいる

中には、出雲に赴かず、残って土地を守ってくれる「留守神《るすがみ》」もいる。代表格は恵比須《えびす》神。この頃には、恵比須神に感謝して五穀豊穣を願う「恵比須講《こう》」という祭りが、各地で開かれる。

栗の季節を楽しもう

ほっくり甘い栗が旬。栗拾いに出かけたら、イガを足で踏みながら、火ばさみや厚手の手袋で中の実を取り出します。地面に落ちているものを拾いましょう。

おいしい栗は、鬼皮《おにかわ》（外側のかたい皮）にツヤと張りがあります。反対に、座《ざ》（おしりの部分）が黒ずんでいると傷んでいる可能性が。ゆで栗にすれば、皮をむく手間なく、気軽に食べられます。

ゆで栗のつくり方

1 栗適量を鍋に入れ、たっぷりの水と塩（水2ℓにつき大さじ1が目安）を加える。沸騰したら弱火にして、30〜40分ほどゆでる

2 鍋を火から下ろして、30分〜1時間ほどおき、粗熱をとる

3 取り出した栗を半分に切り、スプーンで身をすくって食べる

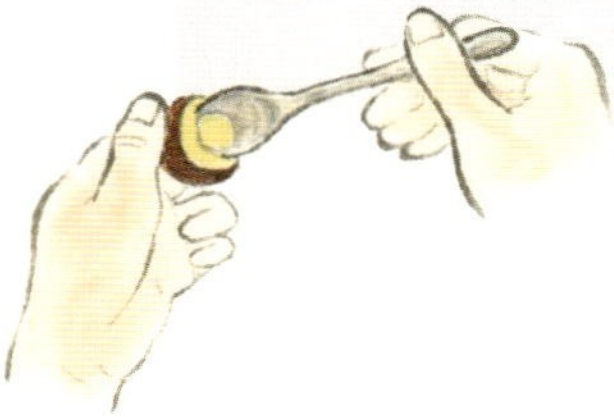

春夏物から秋冬物へ「後《のち》の衣替え」の時期

10月1日は、衣類を秋冬物に替える目安の日。夏の衣替えと区別して、「後の衣替え」と呼ぶこともあります。10月に入ったら、色合いや素材などで、少し秋らしい装いを意識したいものです。

和服の場合は、裏地のない「単衣《ひとえ》」から、裏地のある「袷《あわせ》」の着物に替えます。秋の草花や紅葉《もみじ》など、柄でも季節を取り入れます。

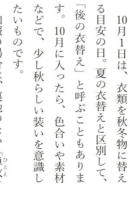

スポーツの日《ひ》

10月第2月曜日

季の句　つぎつぎの運動会や秋の行く　前田普羅《ふら》

スポーツの日は、1964年に開催された東京五輪を記念して制定された祝日です。

台風や秋雨前線が通り過ぎて、秋晴れの空が広がる日も増え、体を動かすにはぴったりの季節です。各地で開催される「運動会」は、秋の季語でもあります。ランニングに水泳、ヨガやピラティス、手足で体を支えながら壁面を登るボルダリングなどは、大人でも比較的気軽に始められるスポーツです。

ヨガとピラティスのちがいって？

■ **ヨガの基本は心と体を整えること**

古代インドの修行法を起源とし、ポーズと呼吸法を通じて、心と体のバランスを整える。

■ **リハビリとして始まったピラティス**

ドイツ人のピラティス氏がリハビリのために考案した。筋力の強化と姿勢改善に効果的。

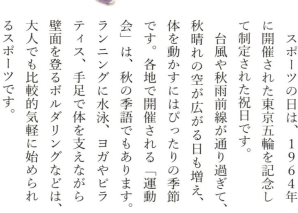

十三夜《じゅうさんや》

10月中旬

季の句

後《のち》の月水よりも青き雲《くも》井《い》かな

三浦樗《ちょ》良《ら》

昔ながらのお月見の風習には、十五夜（P.133）だけでなく、「十三夜」もあります。旧暦9月13日の十三夜は、現在の10月中旬。わずかに欠けた姿は「後《のち》の月」と呼ばれ、十五夜に劣らず美しいとされました。

栗や豆の収穫祝いも兼ねるため、「栗名《めい》月《げつ》」「豆名月」とも呼ばれ、栗や枝豆を供えます。月見団子は、十三夜にちなんで13個（下から9個・4個の順）、または3個供えるのが基本です。

十三夜にまつわる言葉

■「無双《むそう》」の月

平安時代、宇多《うだ》法皇が十三夜の月を「無双（並ぶものがないほど優れている）」と賞賛したことから、十三夜の月見が始まったという説がある。

■十三夜に曇りなし

秋の長雨や台風の影響がなくなる時期で、比較的晴れることが多いという。

10月

秋《あき》祭《まつ》り

9～11月

季の句

豊かなる年の落穂《おちぼ》を祝ひけり

河東碧梧桐《かわひがしへきごとう》

実りの季節である秋の祭りは、収穫に感謝する意味が大きく、伊勢神宮の「神嘗祭《かんなめさい》」を筆頭に、9～11月には、各地で秋祭りが行われます。

古来、田の神は、秋の収穫が終わると山に帰って山の神になり、春になると山を下りて田の神になるとされます。秋祭りの多くは、田の神に感謝して送り出す祭りです。農村部では、神をもてなすために、人々が音楽や踊りを披露するようになり、神楽《かぐら》や田楽《でんがく》が生まれました。

日本の四季のお祭り

春祭り

種まきや田植えの時期に、豊作を祈願する。田植え（または田植えをする真似）をして豊作を祈る「御田植祭《おたうえまつり》」が代表的。

夏祭り

農作物が成長する時期だが、害虫や台風などの被害が多いため、「虫送り」や「風除け」の祭りを行う。疫病が流行りやすい季節であるため、疫病退散を祈願することも。

冬祭り

春に備える「籠《こ》もり」の季節。田の神様をねぎらう祭りや、正月にまつわる祭りが多い。

多彩な魅力を持つ各地の秋祭り

この時期には、重陽《ちょうよう》の節句と結びついた九州地方の「くんち」をはじめ、各地で多彩なお祭りが開催されます。「勤労感謝の日」に各地で行われる新嘗祭《にいなめさい》は、収穫祝いの代表です。

長崎くんち

「くんち」とは、旧暦９月９日の重陽の節句を「お九日《くにち》」と呼び、秋の収穫祭と合わせて祝う、九州地方の祭り。佐賀の「唐津《からつ》くんち」なども知られる

稲穂祭《いなほまつり》（きつねの嫁入り）

白い狐の伝説を持つ花岡福徳《はなおかふくとく》稲荷社（山口県）で行われる、五穀豊穣を祈る祭り。例年11月３日に、狐の面をつけた新郎新婦らが嫁入り行列として街道を練り歩く

伊勢神宮　神嘗祭

伊勢神宮で最も重要な祭り。収穫された新《しん》穀《こく》を神に奉り、恵みに感謝し、国家の繁栄を祈る。「新嘗祭《にいなめさい》」（P.165）に先立ち、例年10月15～25日に行われる

その他のよく知られる秋祭り

- 灘《なだ》のけんか祭り（兵庫）
- 白川郷どぶろく祭（岐阜）
- 川越まつり（埼玉）

秋の楽しみ

菊や紅葉《もみじ》は、古来、多くの日本人に愛されてきました。
観菊《かんぎく》や紅葉狩りは、貴族たちが宴を開いて歌を詠んだ平安時代に遡ります。
菊祭りは、江戸時代、園芸家が丹精込めた菊を展示したことが起源です。

管物《くだもの》

大菊の一種。細長い管のような花弁が、放射状に伸びる

菊人形

色とりどりの菊の花を組み合わせ、人形の衣装や動物の形などに仕立てたもの

厚物《あつもの》

大輪の「大菊」の一種で、花弁が幾重にも重なり、こんもりと盛り上がって咲く

小菊《こぎく》

花の直径が9cm未満のキク。枝分かれしている小菊を、スプレー菊ともいう

菊の季節を満喫しよう

中国から薬用植物として渡来した菊は、日本で鑑賞用に改良されて、多くの品種が生まれました。10~11月には、各地で菊祭りが開催され、大輪の「大菊《おおぎく》」や、崖に垂れ下がるような「懸崖菊《けんがいぎく》」、「菊人形」など、多種多様な菊が並びます。

とりわけ美しい日本の紅葉

日本の紅葉は、世界有数の美しさといわれます。「昼夜の気温差が大きい」「十分な日照がある」など、紅葉が美しくなる地理的条件がそろっているからです。

また、多様な落葉樹が生えているため、紅葉の色合いも多彩です。「紅葉《もみじ》狩り」の「紅葉」は、赤い紅葉《もみじ》だけでなく、紅葉《こうよう》・黄葉《こうよう》する植物全般を指します。

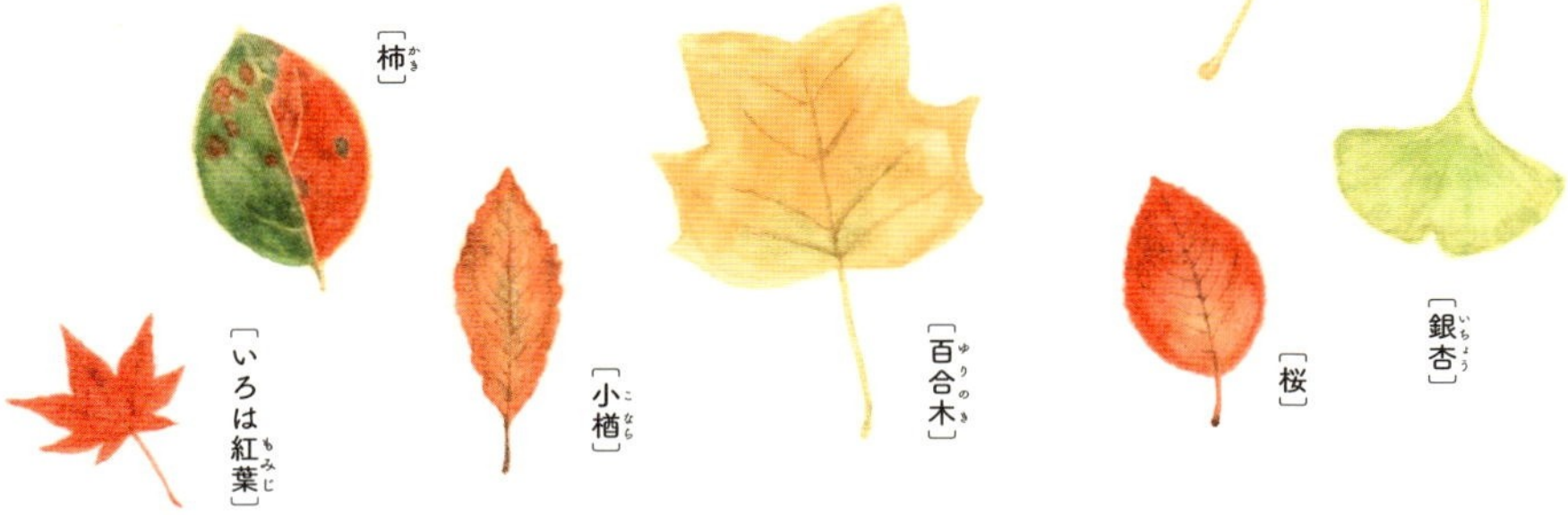

草原を彩る「草紅葉《くさもみじ》」

秋に山野の草が秋の色に変わることを「草紅葉」と呼びます。特に美しいことで知られるのは、湿原の高山植物の草紅葉。樹木の紅葉よりひと足早く、湿原を黄金色や赤色に彩り、秋の訪れを告げます。本州最大の湿原である尾瀬ヶ原や、奥日光の戦場ヶ原などが有名で、9～10月に見頃を迎えます。

霜降《そうこう》

10月23日頃

二十四節気の「霜降」は、草木の表面や地面に真っ白な霜が降りる時期。朝晩の気温が下がり、空気中の水分が細かい氷の結晶となって物体の表面につくことで、霜となります。

その年初めての霜を「初霜」といいます。例年、初霜の時期は、地域によって分かれ、10月下旬～12月下旬。「早霜《はやじも》（秋早くに降りる霜）」が降りると、農作物に大きな被害を与えることもあり、晩春に降りる「遅霜《おそじも》」と共に、農家に警戒されます。

季の歌

心あてに折らばや折らむ
初霜《はつしも》の置きまどはせる白菊の花

凡河内躬恒《おおしこうちのみつね》「古今和歌集」

秋の生き物にまつわる季語

■馬肥《こ》ゆ
気候がよい秋に、食欲を増した馬が肥えてたくましくなることを指し、秋を賛美する表現。「天高く（秋高く）馬肥ゆ」という中国の言葉に由来。

■色鳥《いろどり》
秋に日本に渡ってくる、色とりどりの美しい小鳥たちのこと。花鶏《あとり》、真鶸《まひわ》、尉鶲《じょうびたき》など。

■蛇穴に入《い》る
晩秋、蛇が冬眠のために穴に入ること。複数の蛇が集まり、ひとつの穴に入って冬を越す。穴に入らず徘徊する蛇を「穴《あな》惑《まどい》」という。

春咲く球根植物を水栽培で育てる

秋植えの球根が出回る時期。水を入れた容器で育てる水栽培なら、室内の窓辺で気軽に行えます。甘い香りと華やかな花が楽しめるヒヤシンスをはじめ、ムスカリやクロッカスなども水栽培向き。十分に気温が下がった11～12月頃に始めれば、春先に花が楽しめます。

ヒヤシンスの水栽培

1 球根の下がわずかに水につかるように、水栽培用の容器にセット。芽が出るまでの約１か月は、屋外や冷蔵庫などの冷暗所で管理する。箱や布で遮光しても

2 根がある程度伸びたら、日光の当たる場所に移す。球根と水面との間が数 cm 空く程度に、水の量を減らす

開花には、暖房が効きすぎておらず、明るく風通しがよい部屋の窓辺がベスト。３日～１週間に一度、水換えを

ドライフラワーをつくってみよう

空気が乾燥する晩秋は、ドライフラワーづくりに向く季節です。ケイトウやコットンフラワー（綿花）などの秋の花は、ドライ後の見た目の変化も少なくおすすめ。逆さに吊るし、風通しのよい日陰で、1～2週間ほど乾燥させます。全体的に水分が抜けたら完成です。

読書週間《どくしょしゅうかん》

10月27日〜11月9日

季の歌

たのしみはそぞろ読みゆく書《ふみ》の中に
我とひとしき人をみし時

橘《たちばな》曙覧《あけみ》「独楽吟《どくらくぎん》」

読書を奨励する「読書週間」は、11月3日の「文化の日」を中心とする2週間です。戦後まもない1947年、「読書の力によって、平和な文化国家をつくろう」という決意のもと、出版関連の各社や書店、図書館、マスコミ各社が共同で開催したのが始まりです。

さわやかな気候で、夜の長い秋は、もともと読書に適した季節。秋の夜長の読書を、中国の漢詩にならい、「灯火《とうか》親しむ」ともいいます。

本の「しおり」にまつわるあれこれ

「しおり」は山中で迷わないための目印

本にはさんで目印にするしおりの語源は「枝《し》折《お》る」。山道を歩く際に、道標《みちしるべ》として枝を折る習慣の意味が転じたもの。

落ち葉でしおりづくり

きれいな落ち葉を拾ったら、重しをのせて乾燥させた後、紙に貼りつける。ラミネート加工などを施せば、秋のしおりの完成。

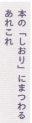

ハロウィーン

10月31日

ハロウィーンは、古代ケルト民族の、秋の収穫を祝い、悪霊を追い出す行事に由来します。主な風習として、かぼちゃのランタンを飾ったり、魔女やおばけの仮装をしたりします。ランタンは、アイルランドの伝説がモチーフ。仮装は、悪霊から身を守るために、自分を悪霊の仲間と見せかけたことが始まりといわれます。

季の句

鶺鴒《せきれい》がたたいて見たる南瓜《かぼちゃ》かな

小林一茶

かぼちゃのランタン「ジャック・オー・ランタン」のつくり方

1 カッターナイフで、かぼちゃの下部を丸く切り取り(直径10cmほど)、中身をスプーンで取り出す

2 かぼちゃの正面に、マジックなどで目・鼻・口を描く。描いた部分を、カッターナイフでくり抜く

3 下部の穴から、キャンドルなどを入れて明かりを灯す

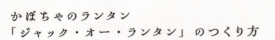

11月

霜《しも》月《つき》

霜が降りる時期なので、「霜降月《しもふりづき》」を略した呼称。出雲に出かけていた神々が帰ってくるので、「神帰月《かみかえりづき》」とも呼ばれる。

11月の暦

3日	文化の日
酉《とり》の日	酉の市 一の酉、二の酉、年によっては三の酉がある
最初の亥《い》の日	亥の子の日
7日頃	立冬
15日	七五三
第3木曜日	ボジョレー・ヌーヴォー解禁日
22日頃	小雪《しょうせつ》
23日	勤労感謝の日

季の花

サザンカ

ツバキに似るが、ちがいは散るときに花びらを１枚ずつ落とすこと

ツワブキ

フキに似た、大きくツヤのある葉が特徴。明るい黄色の花で、寂しい冬場の庭を彩る

スイセン

雪の中でも咲くため、別名「雪中《せっちゅう》花《か》」。山の斜面や海辺に群生する

季の鳥

ツグミ

冬鳥として大群で渡来する。冬場は囀《さえず》らないため、口をつぐむという意味で「ツグミ」と名前がついたそう

ジョウビタキ

冬鳥として渡来。翼の白斑を着物の紋に見立てて「モンツキドリ」とも呼ばれる

季の魚介

カキ

一般的な「真ガキ」は、秋から春が水揚げ期。かき鍋もおいしい時期

ズワイガニ

漁が解禁されるのは11～3月。別名の「松葉ガニ」の語源は、脚の形が松葉に似るからともいわれる

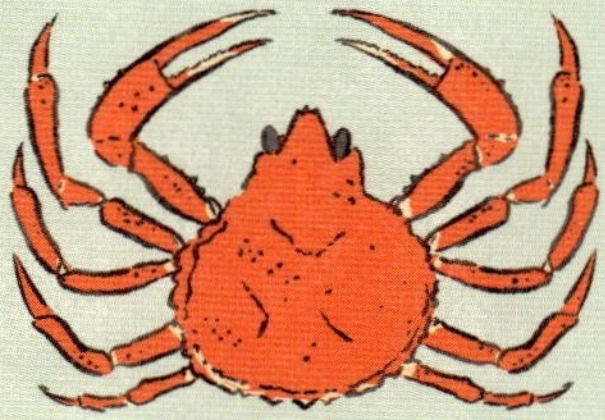

季の果菜

長ネギ

晩秋から冬にかけて、甘みとやわらかさが増す。鍋料理に欠かせない

リンゴ

秋が収穫のピーク。収穫量が多い「ふじ」が旬を迎えるのは11月頃から

11月の季語

行《ゆ》く秋

秋が過ぎ去ろうとする頃のこと。移ろう季節を旅人になぞらえて、秋を惜しむ気持ちを表す

時雨《しぐれ》

冬の初め、急にぱらぱらと降り出しては止む通り雨。時雨が降ると、冬に入ったことを実感する

小春日和《こはるびより》

旧暦10月（現在の11月）の頃、春を思わせるような、ぽかぽかと暖かい陽気になること

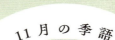

酉《とり》の市《いち》

11月の酉の日

季の句

世の中も淋《さび》しくなりぬ三の酉　正岡子規

酉の市は、各地の鷲《おおとり》神社（大鳥神社）の年中行事です。さまざまな縁起物がついた「縁起熊手」が名物で、参詣者は市で熊手を買い、新年の開運招福、商売繁盛を願います。酉の日は12日周期で巡ってくるので、年によって11月に2回（一の酉、二の酉）、または3回（三の酉）、酉の市が開かれます。

熊手は、福や金銀をかき集めるものに見立てられ、毎年ひと回り大きなものに買い替えるとよいとされます。また、値切れば値切るほど縁起がいいとされています。

熊手の粋な買い方・持ち帰り方

1. 値段を聞く
2. 値切る
3. さらに値切る
4. もっと値切る
5. 頃合いを見て、商談成立！
6. 最初に聞いた値段で支払い、値切った分のおつりを、ご祝儀として渡す
7. 最後に、威勢よく手締めが行われる
8. 買った熊手は、福をかき込むように高く掲げて持ち帰る
9. 玄関などの入り口に向けて、少し高い所に飾る。または神棚に供える

亥《い》の子《こ》の日《ひ》

11月の最初の亥《い》の日

「亥の子の日」は、亥の月（旧暦10月）の最初の亥の日に、「亥の子餅」を食べて無病息災・子孫繁栄を祈る風習です。今では、11月に行うことが多くなっています。

亥の子餅は、「十月（亥の月）、上《かみ》の亥の日（月の最初の亥の日）に餅を食べると万病を除く」という、古代中国の言い伝えに由来し、多産の猪《いのしし》にあやかって、猪の子（瓜坊《うりぼう》）を模してつくられます。また、「亥」は陰陽《いんよう》五行説《ごぎょうせつ》で水にあたるため、亥の月亥の日から火を使い始めると、火事にならないとされました。そのため、「亥の子の日」に火を使う暖房器具を出す習慣も生まれました。

季の句

臼音《うすおと》は麓の里の亥の子かな

内藤鳴雪《めいせつ》

「炉開き」の目安の日

■囲炉裏《いろり》に火を入れ冬に備える

昔は、亥の子の日を目安に、囲炉裏やこたつに火を入れた。「こたつ開き」とも呼ばれる。

■茶道では炉を開く日

茶の湯でも、夏用の炉である風炉《ふろ》をしまって、炉（囲炉裏）を開き、亥の子餅を食べる。

立冬《りっとう》

11月7日頃

立冬は、「冬が立つ」と書くように、冬の兆しが見え始める頃です。冬の訪れを告げる「木枯らし1号」も、例年、立冬の頃に観測されます。

街路の銀杏《いちょう》も黄色く色づき始めます。木の下で銀杏《ぎんなん》拾いを楽しむ人も。銀杏は黄葉《こうよう》前から落ち始めるため、9月下旬～11月上旬が旬です。

季の歌

街をゆき子供の傍《そば》を通る時
蜜柑《みかん》の香《か》せり冬がまた来る

木下利玄《りげん》

冬の風を表す季語

凩《こがらし》

初冬に吹く北寄りの強い風。「木《こ》枯《がらし》」とも書く。木々を枯らすほど吹きすさぶ、冷たい風であることからついた名前。

空風《からかぜ》

冬に北または北西から吹く、冷たく乾いた風。太平洋側、中でも関東地方に多く、上州《じょうしゅう》(群馬県)の空《から》っ風《かぜ》が有名。

虎落笛《もがりぶえ》

強い風が立ち木や垣根などに吹きつけるときに出す、笛のような音。「もがり」は、竹で編んだ垣や柵のことで、中国で虎を防ぐために組む柵「虎落」の字をあてている。

晴れた日に干し野菜をつくってみよう

空気が乾燥する冬は、干し野菜づくりにも適した季節。干す時間は、よく晴れた日の10〜15時頃が最適です。大根やにんじん、かぼちゃ、きのこなど、水分が少ないものが向いています。

干し野菜にすることで、火が通りやすくなって料理の時短に。旨みも凝縮されて、さらにおいしく食べられます。

基本のつくり方

1 野菜を洗い、好みの大きさに切る。ペーパータオルで水気をとる

2 平らなざるに等間隔に並べる。日当たりと風通しのよい場所で、乾燥具合を見ながら、5〜6時間干す

11月

風味豊かな新そばを楽しもう

香り高く、味わい豊かな新そばが出回る時期です。新そばとは、収穫されてから約1〜2か月で提供されるそばのことです。そばは、種をまいてから約3か月で収穫できるため、収穫期も年に2回。10〜11月に収穫される「秋そば」と、7〜8月に収穫される「夏そば」があります。一般的に「新そば」と呼ばれるのは、秋に収穫されたものです。

お風呂が恋しくなる季節

端午の節句の「菖蒲《しょうぶ》湯」、冬至の「柚《ゆ》子《ず》湯」などのように、日本人には、四季折々の植物を利用して、「季節湯」を楽しんできた文化があります。実は、12か月各月に、季節のお湯があるのです。入浴を通して、旬の植物から季節を感じることができ、さらに血行促進、美肌などの効果も期待できます。

12か月の「季節湯」を楽しもう

1月 松湯
松葉には血行促進の効果が。縁起物の松で、一年の無事を祈る

2月 大根湯
干した大根の葉を使う。保温や新陳代謝の促進に効果的

3月 蓬《よもぎ》湯
葉に殺菌効果がある、身近な薬草。香りで邪気を払うとされた

4月 桜湯
桜の樹皮を煮出して入れる。湿疹や肌の炎症を抑える効果が

5月 菖蒲湯
菖蒲の強い香りが邪気を払い、災厄を除くとされた

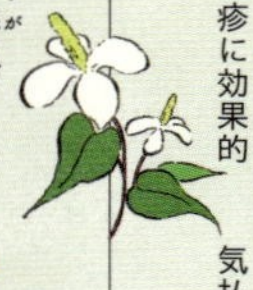

6月 どくだみ湯
どくだみの茎や葉を刻んで入れれば、あせもや湿疹に効果的

7月 桃湯
夏の土用に、桃の葉を入れて入浴し、暑気払いする

8月 薄荷《はっか》湯
薄荷（ミント）の清涼感で、温まりつつ湯上がりはさっぱり

9月 菊湯
重陽《ちょうよう》の節句に、菊の花を浮かべて長寿を願う

10月 生姜《しょうが》湯
生姜をすりおろし、しぼり汁を入れる。体がぽかぽか温まる

11月 みかん湯
果皮を布袋に入れ、湯船に入れる。血行促進と美肌の効果が

12月 柚子湯
冬至に柚子湯に入ると風邪をひかないといわれる

新酒のシーズン到来

秋の収穫期が終わり、その年にとれた作物を使って、新酒がつくられる季節です。いずれも、新鮮でみずみずしい味わいが魅力です。

よいお酒ができるよう祈る

大神《おおみわ》神社の酒まつり

11月14日

一般的に、秋に収穫した新米で仕込んだ日本酒を「新酒」と呼び、11月～翌3月頃に出荷されます。奈良の大神神社では、例年11月14日に、新酒の醸造安全を祈って、「酒まつり」が開かれます。神社はこの時期、全国の酒造に「杉玉《すぎだま》」（別名「酒林《さかばやし》」）を授与することでも知られます。青々とした杉玉は、新酒ができた証しです。

その年のぶどうで醸造したワイン

ボジョレー・ヌーヴォー

11月第3木曜日

フランスのボジョレー地区で、その年に収穫したぶどうを使った新酒ワイン（ヌーヴォー）のことです。数週間の短期熟成で醸造されるため、渋みが少なく、フレッシュな味わいが特徴。11月第3木曜日は、フランス政府が定めた解禁日です。日付変更線の関係で、日本では本場フランスより早く解禁日を迎えます。

七五三《しちごさん》

11月15日

季の句

振袖の丈より長し千歳飴《ちとせあめ》　石塚友二《ともじ》

七五三は、3歳の男女※、5歳の男の子、7歳の女の子の健やかな成長を祈願する行事。11月15日に、晴れ着を着て神社に参拝します。もともとは、公家や武家の間で行われていた「髪《かみ》置《お》き」「袴着《はかまぎ》」「帯解《おびと》き」という、別々の儀式でした。

本来は、氏神様《うじがみ》（生まれた地域の神様）に参拝するものですが、現在は必ずしもそうでなくてもかまいません。また、一般的には数え年で行いますが、満年齢で行うことも増えています。

※3歳は、地域によっては女の子のみ

年齢ごとの意味と一般的な服装

3歳…髪置き

それまで剃っていた髪の毛を伸ばし始める。乳児から幼児になる儀式で、本来は男女共に行う。「髪立《かみたて》」ともいう

【服装】

まだきちんとした帯を結んでいないため、「被布《ひふ》」という、袖なしの羽織りものを着用する

「千歳飴」は長い方がいい？

千歳飴は、江戸時代に浅草の飴売りが、お宮参りのお土産にと販売したことが始まりとされます。子どもの長寿を願い、長く伸ばした飴が考案されました。飴の袋には、鶴亀や松竹梅など、縁起のよい絵柄が描かれます。本来は、飴は子どもの年の数だけ入れるとよいそう。長寿につながるよう、折らずに食べたほうがよいといわれています。

お祝いの定番は鯛の姿焼きと赤飯

七五三のような、人生の節目に行う通過儀礼は、祝い膳を食べてお祝いすることで完結します。自宅やレストランなどで、祖父母なども呼び、みんなで子どもの成長を祝いましょう。縁起のよい鯛の姿焼きや赤飯が定番ですが、子どもの好きなものも用意してあげるとよいでしょう。

5歳…袴着

初めて袴を着ける。幼児から少年になる儀式。四方を制することができるようにと、碁盤の上で着つけをしたり、四方を拝んだりする風習もある

【服装】

紋付きの袴姿が基本。羽織は、鷹や兜《かぶと》、戦で使う軍配《ぐんばい》などの勇ましい絵柄が好まれる。さらに、懐剣《かいけん》（袋に入った護身用の刀）や扇子を身につける

7歳…帯解き

付け紐つきの幼児用の着物から、本式の帯結びをする着物に変わる。帯を締めることで一人前とみなされた

【服装】

華やかな振り袖に、袋帯や丸帯をつける。帯の下に、「しごき」という飾り帯を結ぶのが特徴。胸元に筥迫《はこせこ》という小物入れをはさみ、扇子を持つ

小雪《しょうせつ》

11月22日頃

季の詩

花雪《かせつ》　風に随《したが》い
看《み》れども厭《あ》きず

戴叔倫《たいしゅくりん》「小雪」

二十四節気の「小雪」は、わずかな雪が降る頃ということ。冷え込みが増して、冠雪する山も多くなりますが、平野部ではそれほど雪は降りません。

旧暦10月（現在の10月下旬〜12月上旬）の別名を「小春《こはる》」といいます。この時期は、日中が春のようにぽかぽかと暖かい「小春日和」でも、夕方以降はぐっと気温が下がります。空気も乾燥し、風邪をひきやすくなります。外出時の防寒対策はしっかりと行いましょう。

冬支度にまつわる季語

目貼《めばり》

寒風が吹き込まないように、建てつけの悪い戸や窓のすき間にテープなどを貼ること。

北窓塞《きたまどふさ》ぐ

冬の間、北風を防ぐために北側の窓を塞ぐこと。目貼をしたり雨戸を下ろしたりする。

雪囲《ゆきがこい》

雪国で風雪の害を防ぐため、家屋や庭木などを、わらや菰《こも》、木材などで囲うこと。

勤労感謝《きんろうかんしゃ》の日《ひ》

11月23日

勤労感謝の日は、五穀の収穫に感謝する「新嘗祭《にいなめさい》」に由来します。現在では、農作物に限らず全ての生産を祝い、働く人全てを尊びねぎらう日となっています。食事の際には「いただきます」と「ごちそうさま」、家族の間でも「いつもありがとう」「おつかれさま」と声がけし、感謝の気持ちを改めて意識してみましょう。

身近な人に感謝を込めて、贈り物をすることもあります。温泉や食事に行くなど、毎日がんばる自分自身をねぎらう機会にしても。

季の歌

こころよき疲れなるかな
息もつかず
仕事をしたる後《のち》のこの疲れ

石川啄木「一握の砂」

由来は「新嘗祭」

■古代から続く稲の収穫祭

新嘗祭は、古くは飛鳥時代に行われた記録が残る。現在でも、伊勢神宮をはじめ全国の神社で行われ、宮中恒例祭典の中では、最も重要なものとされる。

■新米を使った「どぶろく祭り」も各地で開催される

新嘗祭と同時期に、新米でつくったお酒のどぶろくを神前に供えると共に、人々にふるまう「どぶろく祭り」が各地で開かれる。

12月

師走《しわす》

師である僧も走り回るほど忙しい月（師《し》馳《は》す）であることから。一年が極まる（終わる）月なので、「極月《ごくげつ》」とも呼ぶ。

12月の暦

7日頃	大雪《たいせつ》
8日	事八日《ことようか》 神社などで「針供養」を行う。2月8日に行う地域もある（P.36）
13日	正月事始め 新年の準備を始める日
13～25日頃	お歳暮を贈る時期
22日頃	冬至
25日	クリスマス
28日	仕事納め
31日	大晦日

季の花

ツバキ

深紅の花が冬の庭を彩る。散るときは花ごとぽろりと落ちる

ポインセチア

クリスマス飾りとして親しまれる。花びらのように赤く色づくのは、葉が変化した「苞《ほう》」

センリョウ

赤い果実が美しく、縁起物として、正月飾りにも使われる

季の鳥

マガモ

よく見る水鳥の一種で冬鳥。雄は頭部が緑色でくちばしが黄色い

コハクチョウ

日本の水辺で越冬する冬鳥。成鳥は白いが、幼鳥はくすんだ灰色

季の魚介

ヒラメ

一年を通じて漁獲されるが、「寒ビラメ」といわれるように、冬に栄養を蓄え肉厚になる

マダラ

身が雪のように白いため「鱈」と呼ばれる。真冬が漁の最盛期

季の野菜

ダイコン

冬に出回る「冬ダイコン」は、特に甘みがあってみずみずしい

ハクサイ

寒さの中で甘みが増し、いっそうおいしくなる。鍋料理にもぴったり

12月の季語

山眠る

静まり返り眠っているような冬の山の様子。中国の詩「冬山惨淡《さんたん》として眠るが如《ごと》し」が原典

竈《かまど》猫《ねこ》

暖かい場所にうずくまり動かない猫のこと。昔の猫は、火の落ちたかまどの中で暖をとった

日記買ふ

年末に来年の日記を買うこと。新年を迎える準備のひとつ。「古《ふる》日記」は今年の日記のこと

大雪《たいせつ》

12月7日頃

季の句

こがらしや日に日に鴛鴦《おし》のうつくしき

井上士朗《しろう》

二十四節気の「大雪」は、本格的に雪が降り始める時期といわれます。寒さもいよいよ厳しくなり、冬本番を迎えます。この頃にやって来るのが、「冬将軍」。冬の厳しい寒さを表した言葉で、ナポレオンがロシア侵攻時、厳寒のため撤退したことに由来します。日本では、冬季に寒波をもたらす「シベリア寒気団」を指すことが多いようです。

美しい雪の呼び名

風花《かざはな》

晴天に、花びらのように舞う雪。山の方で降った雪が、風で流されてきて起こる現象。

細雪《ささめゆき》

細やかに降る雪のこと。

垂《しず》り雪《ゆき》

木の枝などに降り積もった雪がすべり落ちること。

六花《りっか》

雪の結晶が、6つの花びらを備えた花のように見えることから、雪の異称。

効率的に体を温め寒暖差を乗り切ろう

日々の寒暖差が大きく、体調を崩しやすい季節です。不調を感じたら、まずは体を温めて、しっかり休養を。内から、外から、温める方法を紹介します。

小豆カイロのつくり方

1 木綿（または麻）の布を袋状に縫う。小豆200g を入れて、口を閉じる

2 電子レンジ（600W）で、様子を見ながら30秒～１分加熱する。豆が熱くなりすぎることを防ぐため、次の使用までは４時間以上空ける

小豆カイロ

目元やおなかなどにのせると、じんわり温まる。リラックス&血行促進に効果的

梅干し茶

湯呑みに梅干しを入れ、緑茶を注ぐ。フォークなどで梅干しをつぶしながら飲む

生姜《しょうが》湯

すりおろした生姜小さじ1、はちみつ大さじ1をカップに入れ、湯を注ぐ

体を温めるツボ

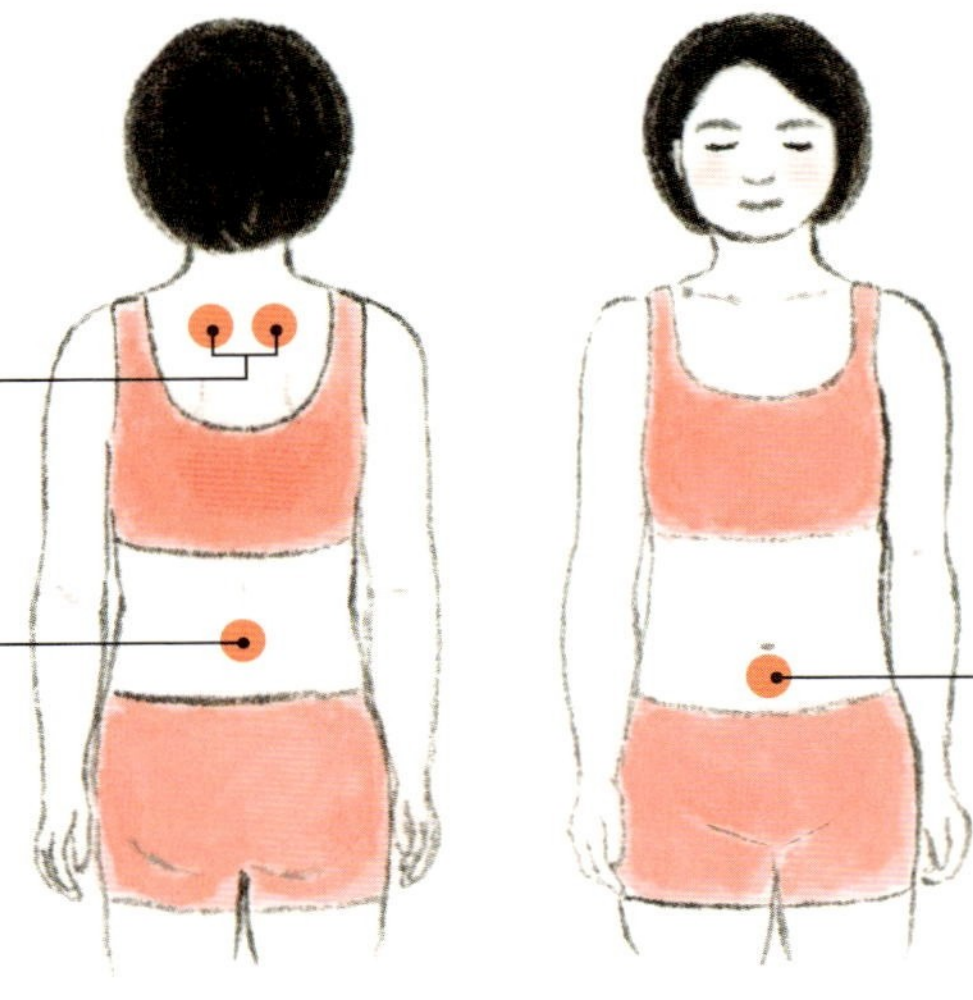

ツボを温める

体を温めるツボの部位を温めると、効率的に温まる。ネックウォーマーや腹巻き、貼るカイロなどを使って

お歳暮《せいぼ》

12月13日～25日頃

季の句

師へ父へ歳暮まゐらす山の薯《いも》

松本たかし

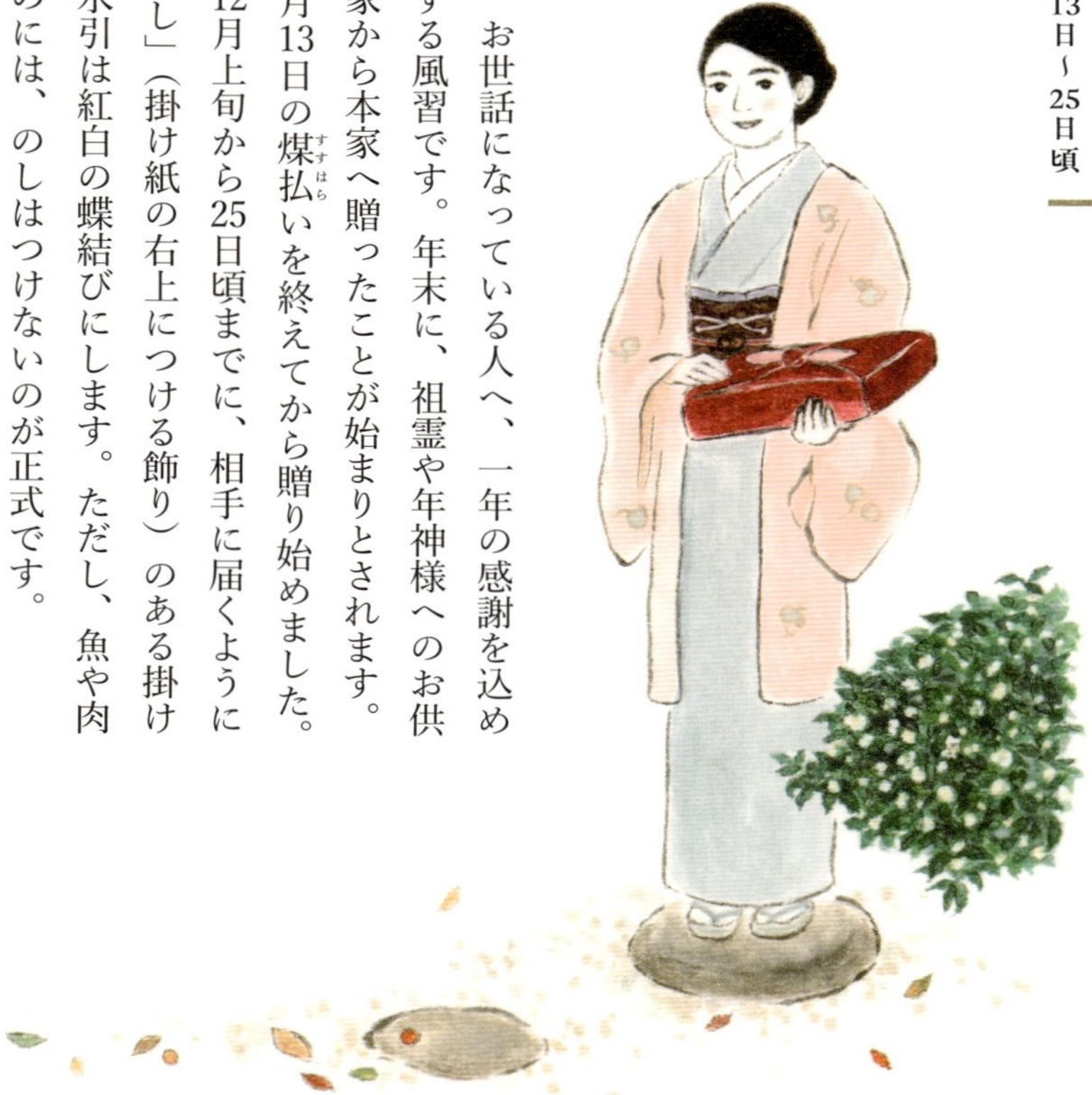

お歳暮は、お世話になっている人へ、一年の感謝を込めて贈り物をする風習です。年末に、祖霊や年神様へのお供え物を、分家から本家へ贈ったことが始まりとされます。

本来は12月13日の煤払《すすはら》いを終えてから贈り始めました。現代では、12月上旬から25日頃までに、相手に届くようにします。「のし」（掛け紙の右上につける飾り）のある掛け紙をつけ、水引は紅白の蝶結びにします。ただし、魚や肉などの生ものには、のしはつけないのが正式です。

お歳暮にまつわるあれこれ

お歳暮の定番「新巻《あらま》き鮭《ざけ》」って何？

「新巻き鮭」は、塩漬けにした鮭を、わら縄で巻いたもの。鮭が「裂け」に通じることから、わらで巻いて贈るようになった。鮭や鰤《ぶり》は縁起もの。年末年始に「年取り魚」として食べる風習がある。

相手が喪中の場合も贈ってよい？

お歳暮は祝い事ではなく、日頃の感謝を伝えるものなので、自分と相手のどちらが喪中でも贈ってよい。ただし、四十九日を過ぎていない場合は、時期をずらして「寒中見舞い」として贈る方が適切。また、紅白の水引は控える。

風呂敷の包み方

お歳暮は本来、直接持参するものでした。持参する際には、紙袋でもよいですが、風呂敷で包んでいくのが正式です。

お使い包み

一般的な包み方。手前→奥の順に折り、左右を「真《ま》結び」する

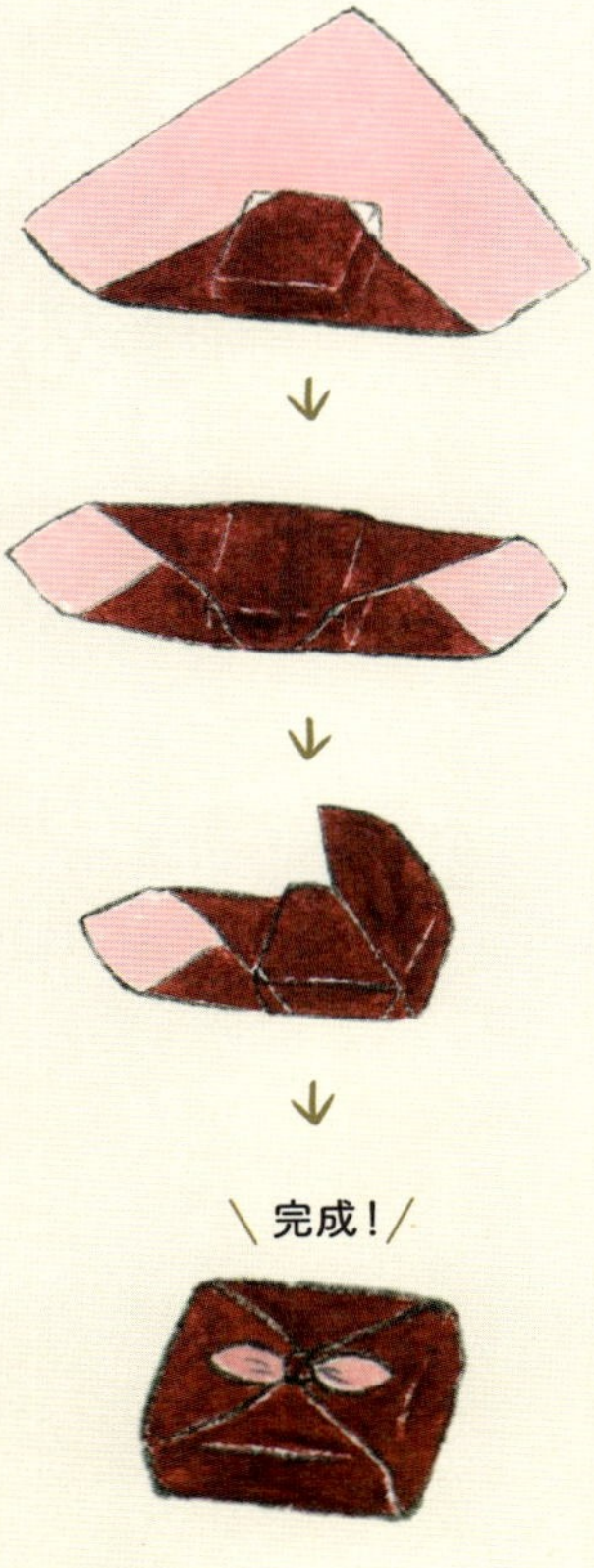

平《ひら》包み

結び目のない正式な包み方。手前→左→右→奥の順に折る

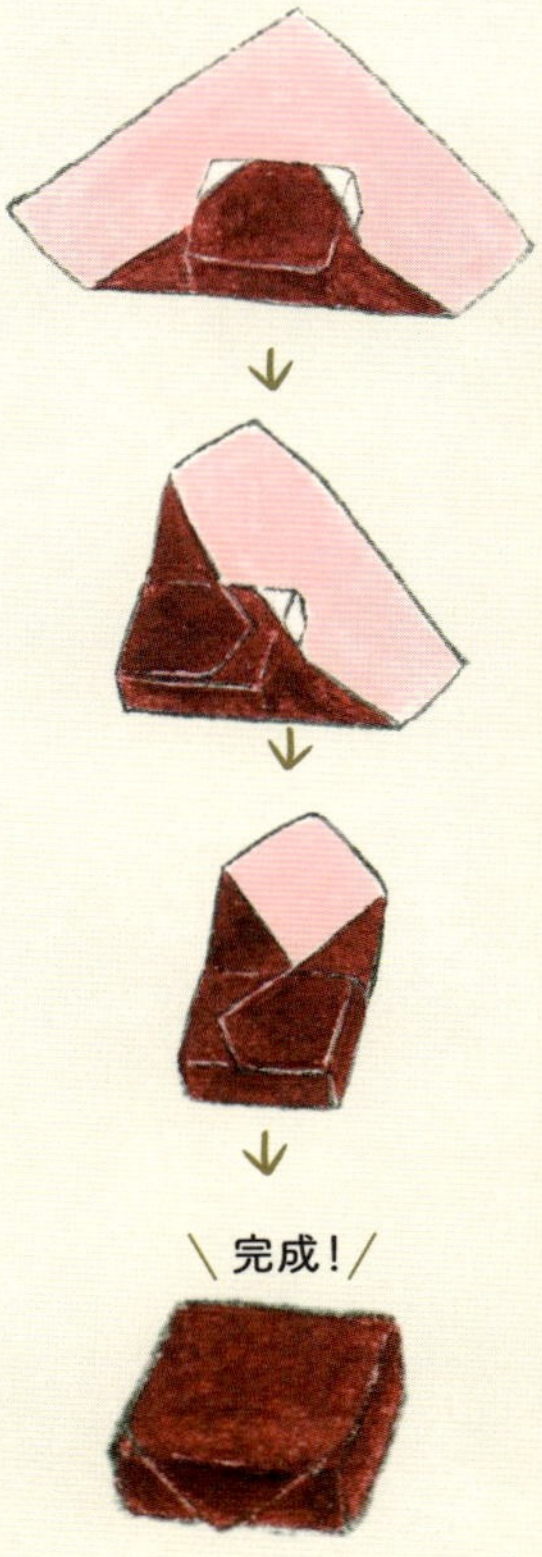

風呂敷結びの基本の「真結び」

正式な結び方で、ほどけにくい。結び目が本体と垂直の「縦結び」になったら失敗。手順①②が正しく行えているか確認を

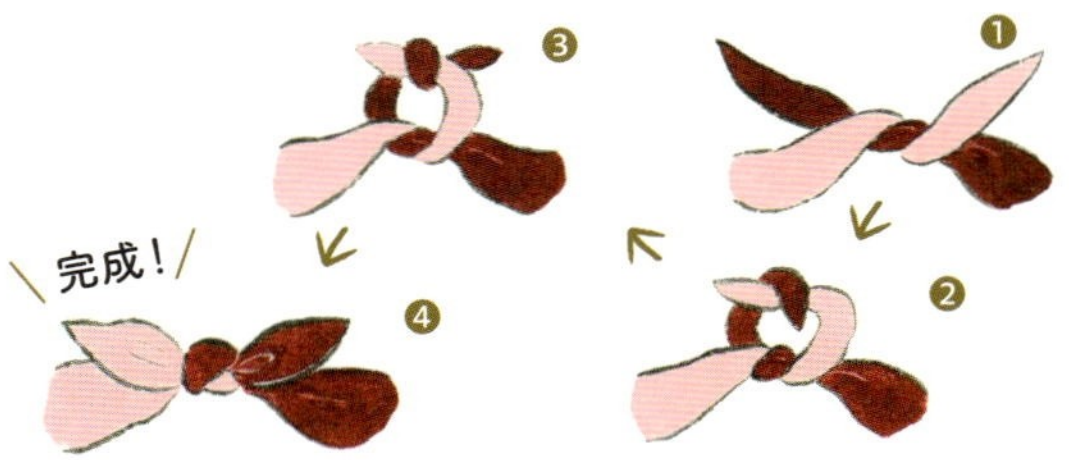

12月

正《しょう》月《がつ》事《こと》始《はじ》め

12月13日

季の句　天井の天女の煤《すす》も払《はら》ひけり

内藤鳴雪《めいせつ》

「正月事始め」は、お正月を迎える準備を始める日。大掃除の「煤払い」を行う日でもあります。旧暦12月13日が、吉日である「鬼宿日《きしゅくにち》」だったため、江戸城で煤払いが行われるようになったのが起源といいます。

煤払いは、年神様を迎えるための神聖な浄めの行事です。京都の東本願寺・西本願寺の煤払いは、師走の風物詩。僧侶や門徒たちが竹の棒で堂内の畳をたたき、舞い上がった一年分のほこりを大団扇《うちわ》であおぎ出します。

家全部は掃除できないときは？

大掃除の優先順位

1 神棚・仏壇

一年の節目に、感謝を込めて浄める。神棚は、お正月に年神様を祀る場となる

2 台所

食事の支度を行う台所は、家族の食生活と命を支える大切な場

3 水回り（浴室、トイレ）

清潔に保つことで、家族の健康が保持される場となる

囲炉裏《いろり》の煤と共に穢れを払う

昔は、家の中に囲炉裏やかまどがあったため、天井や壁などに煤がたまりました。そこで人々は、竹の先の葉だけを残した「煤梵天《すすぼんでん》」で、家中の煤を払いました。煤梵天には穢れを払う力があるとも考えられ、煤と共に年内の穢れや厄を払っていたのです。

煤払いは、正月準備の始めの一歩。家をきれいにしたら、門松にする松を山にとりに行き、しめ縄や鏡餅を飾って、年神様を迎える準備を進めました。

雑巾の正しい絞り方と拭き方を知ろう

大掃除に欠かせないのが拭き掃除。雑巾の正しい絞り方は、右図のような「縦絞り」です。剣道の竹刀を持つように握り、手首を返すように絞ると、しっかり絞ることができ、拭いた場所に余分な水分が残りません。

雑巾は手のひらと同じくらいの大きさに畳むと使い勝手◎。奥から手前へと、コの字形に拭いていき、拭き残しがないようにしましょう。

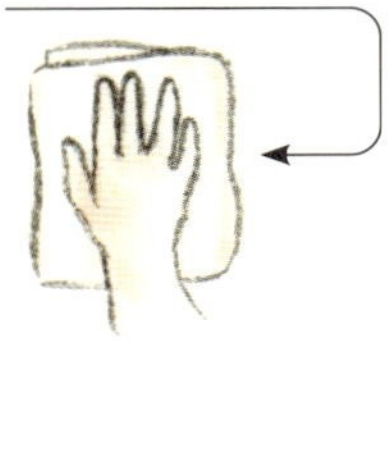

水拭きすると傷むので乾拭きした方がよい場所

● 畳の縁《へり》 ● 部屋の敷居 ● 繊細な木材

12月

年賀状は添え書きで日頃の感謝を伝える

年賀状を送る風習は、年始のあいさつ回りをする習慣から生まれたといいます。12月半ば過ぎると、全国の郵便局で年賀状の受け付けが始まります。元旦に届けるためには、例年12月25日までの差し出しが推奨されています。印刷した年賀状に、何かひと言でも手書きの添え書きがあると、受け取り手はうれしい気持ちになるもの。手書きできそうな内容は、あえて印刷の文面には入れないようにするのがコツです。

一般的な添え書きの文例

- 幸多き年になりますように
- ○○さんにとって本年が素晴らしい年でありますよう心からお祈りしております
- 皆さまのご健勝とご多幸をお祈り申し上げます
- 久しぶりに会いたいですね

祝いの言葉「賀詞《がし》」を上手に使うコツ

- **賀詞の重複に注意!**
「迎春」「謹賀新年」「明けましておめでとうございます」などの賀詞は、意味が重複するので併記しない。添え書きでの重複も注意
- **目上の人に使ってはいけない賀詞**
「寿」「賀正」「迎春」など1~2文字の賀詞は、意味的に敬意や丁寧さに欠けるため、目上の人には使わない方が無難
- **相手を問わず使える4文字の賀詞**
「謹賀新年」「恭賀新年」などは、「謹《つつし》んで」「恭《うやうや》しく」などの語が入るため、礼儀にかなった敬語であり、目上の人にも使える。また、「明けましておめでとうございます」「Happy New Year」なども、相手を選ばない

年末の主な行事・祭事

お正月用の品物や縁起物を売る「歳の市」が、各地で立つ時期です。
東西で開催される、代表的な歳の市を紹介します。

師走の浅草の風物詩

浅草羽子板市（浅草寺・歳の市）

12月17～19日

毎月18日は、浅草寺のご本尊である観音様の縁日。中でも12月18日は「納めの観音」と呼ばれてにぎわい、その前後にも歳の市が立つようになりました。やがて縁起物の羽子板を売る店が増えて、「羽子板市」と呼ばれるように。羽子板は、女の子が誕生した家に、厄除けに贈る風習があります。

一年最後の「弘法さん」

終《しま》い弘法《こうぼう》（東寺《とうじ》・弘法市《こうぼういち》）

12月21日

東寺では、毎月21日に「弘法市」と呼ばれる縁日が催されます。弘法大師（空海）の月命日が21日であり、その法要に訪れる人に向けた露店が起源とされます。12月の縁日は、「終い弘法」と呼ばれ、骨とう品や日用雑貨のほか、お正月用の縁起物を求める人々でにぎわいます。

冬至《とうじ》

12月22日頃

「冬至」は、一年で一番、太陽の位置が低くなり、昼の時間が短くなる日。その翌日から、日は徐々に長くなっていきます。そのため、「太陽が生まれ変わる日」とも捉えられて、世界各地で冬至の祝祭が行われます。

日本では、この日を境に生きる力が回復し、運気も上がるとして、柚子《ゆず》湯に入る風習があります。柚子の強い香りが邪気を払い、風邪をひかないそう。

季の句

ふりむけば障子の桟に夜《よ》の深さ

長谷川素逝《そせい》

冬至と「一陽来復《いちようらいふく》」

冬至を境に太陽の力が甦る

冬至には「一陽来復」という言葉がある。「陰が極まり、再び陽にかえる」という意味。その日を境に太陽の力は復活に転じ、春へと向かっていく。

冬至から授与されるお守り

一陽来復には、よくないことが続いた後に好運に向かう、という意味も。東京・穴八幡《あなはちまん》宮《ぐう》をはじめ、冬至から節分まで頒布される「一陽来復」のお守りには、運気上昇のご利益があるとされる。

「ん」がつくもので運気上昇

冬至には、かぼちゃ（なんきん）をはじめ、「ん」がつくものを食べると「運」がつくといわれます。にんじん、れんこん、ぎんなん、きんかん、だいこん、うどんなどもその例。

野菜の少ない冬に、保存のきくかぼちゃを食べて栄養をとる、生活の知恵でもあります。

いとこ煮

かぼちゃと小豆を煮た「いとこ煮」を食べることも。栄養価が高く、風邪予防にも効果的

冬至粥

小豆粥のこと。小豆の赤い色が魔除けになるとされた。赤飯や小豆団子を食べる風習も

こんにゃく

「砂おろし」といわれ、体内にたまった砂を出す効果があるとされた。大根と田楽《でんがく》にしても

12月

北欧のわら細工「ヒンメリ」を飾ろう

冬が暗く長いフィンランドでは、冬至を「太陽が復活する日」として、古くから祝ってきました。ヒンメリは、麦わらに糸を通し、多面体を形成する装飾品。太陽とのつながりを感じる「光のモビール」とも呼ばれ、冬至の時期に吊るして豊穣を祈ったことが起源です。現在では、クリスマスの装飾としても使われます。

クリスマス

12月25日

クリスマスは、イエス・キリストの誕生を祝う、キリスト教で最も重要な行事のひとつです。

クリスマスツリーとして飾られる常緑のもみの木は、生命力を象徴する聖なる木。また、中世の宗教劇で、もみの木にりんごをつけてエデンの園を表したことが、ツリーを飾りつける由来とされます。

プレゼントをくれるサンタクロースのモデルは、3～4世紀に生きた司教・聖ニコラウスです。貧しい家庭に金品を分け与え、多くの子どもを救ったといわれます。

季の句

卵一つポケットの手にクリスマス　西東三鬼《さいとうさんき》

クリスマスツリーのオーナメントの意味

■ **星**

ツリーのトップに飾る星は、東方の博士たちにキリストの誕生を知らせるために輝いた「ベツレヘムの星」の象徴。

■ **オーナメントボール**

エデンの園でアダムとイブが口にしてしまった、知恵の樹の実の象徴。かつては本物のりんごが飾られていたそう。

■ **ベル**

福音《ふくいん》（よい知らせ）の象徴。

■ **天使**

聖母マリアに受胎告知《じゅたいこくち》をした大天使・ガブリエルと、人々にキリストの誕生を知らせた天使たちの象徴。

国や地域ごとに異なるクリスマスの伝統菓子

日本のクリスマスには「いちごのショートケーキ」が定番ですが、これは洋菓子店の不二家《ふじや》が広めたともいわれる、日本だけの文化。ヨーロッパでは各地域に、独自のクリスマス菓子があります。

［パネトーネ］
（イタリア）
ドライフルーツが入った大きなパン

［ジンジャークッキー］
（ヨーロッパ、アメリカ）
生姜《しょうが》とシナモンを練り込んだクッキー

［クグロフ］
（フランス、オーストリアなど）
王冠のような形のクグロフ型で焼く

［シュトーレン］
（ドイツ）
ドライフルーツやナッツを練り込み、粉砂糖をまぶした焼き菓子

アドベントを明かりで楽しむ

12月25日の4週前の日曜日から12月24日までは、キリストが降誕したクリスマスを待ち望む、アドベント（待降節《たいこうせつ》）の期間です。ドイツの「アドベント・クランツ」は、常緑樹のリースにろうそくを4本立てたもの。日曜日ごとにろうそくに1本ずつ火を灯し、クリスマス気分を盛り上げます。また、北欧ではこの時期、星形のライトを窓辺に飾ります。

正月準備《しょうがつじゅんび》

12月下旬

季の句

門松の立ち初《そ》めしより夜の雨

小林一茶

年末に餅をつくのは、年神様の依《よ》り代《しろ》として鏡餅を飾り、お雑煮にして新年の力をいただくためです。餅つきは、鏡餅が一夜飾りにならないように、31日より前に行います。また、29日も「二十苦《にじゅうく》」「苦持《くも》ち（餅）」につながるため、避ける風潮があります。

お正月の準備5選

大掃《そう》除《じ》（煤払い）
12月13日頃から始め、28日までに終わるのが理想。

年賀状
元旦に届けたいなら、12月25日を目安に投函する。

正月飾り
12月29、31日は避けて飾る。

おせち料理
田作りや紅白なます、黒豆など、日持ちする品から、数日に分けてつくると余裕を持ちやすい。

年始に向けて買い出し
年賀用の菓子や、お年玉用のポチ袋などを買っておく。

正月飾りは28日までに飾りたい

門松や鏡餅、しめ飾りなどの正月飾りは、大掃除（煤払い）で室内外を浄めたのち、28日までを目安に、遅くとも30日には飾りましょう。「苦」を連想させる29日は、避けた方がよいとされます。また、31日ではお葬式と同じ「一夜飾り」となり、年神様に対して失礼にあたるといわれます。

新年に向けて日用品の新調を

年末年始には、カレンダーや日記と共に、日用品も新調すると、気持ちも新たに来る年を迎えられます。箸やタオルは、年末にまとめて一新する習慣にすれば、買い替えのタイミングを逃しません。歯ブラシやスポンジなどの消耗品も、これを機に新調すると気持ちが引き締まります。

新調すると気持ちがいいもの

- 箸
- タオル
- 下着、靴下
- 寝具
- パジャマ
- 歯ブラシ
- スポンジ、布巾

大晦日《おおみそか》

12月31日

季の句

大晦日定めなき世の定めかな

井原西鶴《さいかく》

「晦日《みそか》」は、月の最終日という意味です。特に12月の最終日は、一年の締めくくりとなるため重要視され、「大晦日」と呼ばれます。また、古い年を除き去るという意味で「除日《じょじつ》」、その夜は「除夜《じょや》」と呼ばれます。

日付が新年に変わる前、お寺では「除夜の鐘」として108回、鐘をつきます。108は人間の煩悩の数で、鐘の音で煩悩を取り除いていくといわれます。本来は、107回を年内につき、108回目を新年につきます。

大晦日にまつわる言い伝え

大晦日に早く寝ると白髪やシワが増える？

昔は、大晦日に寝ないで年神様を迎えることで、新しい生命力が得られると考えられていた。そのため、年越し前に寝てしまうと白髪やシワが増える（老け込む）といわれた。ただし、どうしても眠いときは、「寝る」ではなく、「寝《い》ね」と「稲」をかけて、「稲積む」といって寝ればよいそう。

大晦日にそばを食べる理由

江戸時代の商家では、毎月末にそばを食べる習慣があり、これを「晦日《みそか》そば」と呼んでいました。この習慣が大晦日だけに残り、「年越しそば」と呼ばれるようになったそう。このほか、細くて長いため、そばのように寿命が延びて長生きできるようにと「長寿そば」、そばは切れやすいため、苦労や悪縁と縁が切れる「縁切りそば」など、各地にさまざまないわれと別名が残ります。

薬味のねぎを入れよう

ねぎは、疲れをねぎらう「労《ね》ぐ」と、「祈《ね》ぐ」（祈る）、そして神職の「禰《ね》宜《ぎ》」をかけ、一年の働きをねぎらい、新年の幸せを祈るという意味を持つ

昔ながらの年越しの方法

大晦日の夜に寝ないで年神様を待つことを「年《とし》籠《ご》もり」といいます。大晦日から元旦にかけて、家長が神社に籠もって年神様を迎えるという、昔ながらの習わしが起源です。また、除夜と元日にまたがってお参りすることを「二年参り」といいます。日をまたいで1度だけ参拝する場合と、31日と1日の2度参拝する場合があります。

普段のメールにも取り入れて

気軽な 時候のあいさつ文例集

気軽な手紙やメールに使いたい、口語調の文例を月ごとに選びました。「前文」は書き出しに、「末文」は結びに入れて、季節感や相手への心配りを表します。

心に届けるポイント

- ◆ポジティブな言葉を使い、読み手の気持ちが明るくなる内容に。
- ◆相手の顔を思い浮かべながら、よりパーソナルな文章を考えてみる。

1月

前文

- 冬の寒さが一層厳しい頃となりました。
- 松が明け、お仕事にも新たな気持ちでご精進されていることと存じます。

末文

- 寒さ厳しき折から、くれぐれもご自愛くださいませ。
- 空気が乾燥しております。お風邪など召されませんよう気をつけてくださいませ。

2月

前文

- 暦の上では春となりました。
- バレンタインデーが近づき、街もどことなく華やいできましたね。
- 梅の便りも聞かれる今日この頃、

2月

末文

- 春とは名ばかりの寒さですので、くれぐれもお体にはご留意ください。
- 早くも花粉症が猛威をふるっているようです。時節柄、ご自愛ください。

3月

前文

- 春なお浅く、朝夕はまだまだ冷え込む昨今ですが、お変わりありませんか。
- ひと雨ごとに暖かくなり、春の訪れを感じる今日この頃、
- 芳しい沈丁花《じんちょうげ》の香りに、春の到来を感じる頃となりました。

末文

- 旅立ちの春、今後のさらなるご活躍をお祈りしております。
- 寒暖定まらぬ時期ですので、くれぐれもご自愛くださいませ。

4月

前文

- 桜前線も北上し、春の陽気につつまれる頃となりました。
- 咲き誇っていた桜も早いもので葉桜の時期となりました。
- つくしが顔を出す頃となりました。

末文

- 新年度を迎えてお忙しいかと存じますが、御身《おんみ》おいといください。
- 楽しいゴールデンウィークを過ごされますように。

5月

前文

- 風薫るさわやかな季節となりました。
- 八十八夜の別れ霜と申します。これからますます気候もよくなってまいりますね。
- ゴールデンウィークが終わりましたが、お疲れは出ていませんか？

5月

末文

- 爽やかな好季節、ますますのご活躍を期待しております。
- すがすがしい若葉の季節、大いに英気を養いたいものですね。

6月

前文

- 今年も衣替えの季節となりました。
- 紫陽花が色鮮やかに咲く季節となりました。
- 梅雨の晴れ間の青空に心和む今日この頃、

末文

- 梅雨明けを心待ちにする日々、どうか元気でお過ごしください。
- 梅雨冷えに体調を崩されませんように。

7月

前文

- 色とりどりの七夕飾りを目にする頃となりました。
- 空の青がひときわ眩《まぶ》しい季節となりました。
- 向日葵《ひまわり》が日毎に背を伸ばすこの頃、

末文

- 盛夏《せいか》のみぎり、どうぞ楽しい夏休みをお過ごしください。
- 梅雨が明け、これからが暑さの本番です。くれぐれもご自愛ください。

8月

前文

- 青空に入道雲の湧きあがる季節となりました。
- うだるような暑さが続いておりますが、皆さまお障りなくお過ごしでしょうか。
- 蝉しぐれの降りそそぐこの頃、

8月

末文

- 熱帯夜が続いておりますので、夏負けなどなさいませんように。
- もうじきお盆ですね。ご実家の皆様によろしくお伝えください。

9月

前文

- 萩《はぎ》の花が風に揺れる頃となりました。
- 虫の音に秋の訪れを感じる季節となりました。
- 暑さ寒さも彼岸までと申しますが、皆さまお健やかにお過ごしでしょうか。

末文

- 天高く馬肥ゆる秋。秋の味覚を堪能してくださいね。
- 日ごとに秋の色が深まってきました。夏の疲れがでませんように。

10月

前文

- 秋気《しゅうき》さわやかな季節となりました。
- 金木犀《きんもくせい》の香りが漂う頃となりました。
- 菊花の薫りゆかしいこの時季、

末文

- まもなくこちらも紅葉の見頃を迎えます。ご家族でぜひお立ち寄りください。
- 皆様お元気で、深まる秋を満喫されますことをお祈りしております。

11月

前文

- 暦のうえでは冬となりましたが、ここ数日は穏やかな小春日和が続いております。
- 気がつけば日脚もめっきり短くなり、冬の訪れを感じております。
- 街路のいちょうもすっかり黄金色に色づきました。

11月

末文

- これから寒さに向かいますので、どうぞ健やかにお過ごしください。
- 夜長のつれづれにとりとめのないことを書き連ね、失礼いたしました。

12月

前文

- 街路樹も葉を落とし、すっかり冬景色に変わりましたが、お元気でいらっしゃいますか。
- ポインセチアの花が街を彩る頃となりました。
- 行く年を惜しみつつ、来る年を指折り数える年の暮れとなりました。

末文

- 何かと気ぜわしい毎日かと存じますが、お体を大事になさってください。
- 今年も余日《よじつ》わずかとなりました。どうぞよい年をお迎えください。

季節や暦にまつわる言葉

二十四節気《にじゅうしせっき》

二十四節気とは、太陽の運行をもとに一年を24等分した季節の指標です。それぞれ約15日間で、立春から新しい年が始まります。旧暦、つまり太陽太陰暦《たいようたいいんれき》を使っていた時代に取り入れられ、太陽暦の今でも使えますが、古代中国の黄河流域の気候をもとに作られたので、時として季節感にずれが生じます。

七十二候《しちじゅうにこう》

二十四節気をさらに三等分し、約5日ごとの季節の事象を知らせる指標です。七十二候も古代中国で作られましたが、日本の気候風土に合わせて何度も改定されました。

五節句《ごせっく》

江戸時代に制定された人日《じんじつ》の節句（1月7日）、上巳《じょうし》の節句（3月3日）、端午の節句（5月5日）、七夕の節句（7月7日）、重陽《ちょうよう》の節句（9月9日）をいいます。年中行事を行う節目の日で、縁起のよい「陽数《ようすう》」（奇数のこと）が重なる日は、めでたい反面、「陰《いん》」に転じやすいとされ、祝うと共に邪気を払う習わしがあります。

雑節《ざっせつ》

日本の生活文化や気候風土に合わせて生まれた、日本独自の季節の目安です。主な雑節に、節分・彼岸・八十八夜・入梅・半夏生《はんげしょう》・土用・二百十日《にひゃくとおか》などがあります。

二十四節気と七十二候

昔ながらの暦で春夏秋冬を巡り、味わってみましょう

春

立春《りっしゅん》 2月4日頃

東風解凍【はるかぜこおりをとく】
2月4～8日頃
春の風「東風《こち》」が川や湖の氷を解かし始める

黄鶯睍睆【うぐいすなく】
2月9～13日頃
山里で鶯が鳴き始め、春の訪れを告げる

魚上氷【うおこおりをいずる】
2月14～18日頃
水がぬるみ、割れた氷の間から魚が跳ねる

雨水《うすい》 2月19日頃

土脉潤起【つちのしょううるおいおこる】
2月19～23日頃
雪が温かな春の雨にかわり、大地が潤い始める

霞始靆【かすみはじめてたなびく】
2月24～28日頃
春霞《はるがすみ》がたなびき始める

草木萌動【そうもくめばえいずる】
3月1～5日頃
草木の芽が萌えだす

啓蟄《けいちつ》 3月6日頃

蟄虫啓戸【すごもりのむしとをひらく】
3月6～10日頃
冬ごもりをしていた生き物が姿を現す

桃始笑【ももはじめてさく】
3月11～15日頃
モモの花が咲き始める

春分《しゅんぶん》 3月21日頃

菜虫化蝶【なむしちょうとなる】
3月16～20日頃
菜虫（菜を食べる青虫）が蝶になる

雀始巣【すずめはじめてすくう】
3月21～25日頃
スズメが巣をつくり始める。多くの小鳥たちの繁殖期

桜始開【さくらはじめてひらく】
3月26～30日頃
サクラの花が咲き始める。花見の季節の到来

雷乃発声【かみなりすなわちこえをはっす】
3月31日～4月4日頃
春の訪れを告げる雷「春雷《しゅんらい》」が鳴り始める

清明《せいめい》 4月5日頃

玄鳥至【つばめきたる】
4月5～9日頃
玄鳥《げんちょう》（ツバメの異名）が南方から渡ってくる

鴻雁北【こうがんかえる】
4月10～14日頃
渡り鳥である雁《かり》が、北へ帰っていく頃

虹始見【にじはじめてあらわる】
4月15～19日頃
雨上がりに虹が見え始める。春の虹は淡く消えやすい

穀雨《こくう》 4月20日頃

葭始生【あしはじめてしょうず】
4月20～24日頃
水辺のアシが芽吹く時期

霜止出苗【しもやみてなえいずる】
4月25～29日頃
霜が降りなくなり、苗代《なわしろ》でイネの苗が生長する

牡丹華【ぼたんはなさく】
4月30日～5月4日頃
ボタンが大輪の花を咲かせる

夏

立夏《りっか》 5月5日頃

蛙始鳴【かわずはじめてなく】
5月5～9日頃
田んぼや水辺でカエルが鳴き始める

蚯蚓出【みみずいずる】
5月10～14日頃
ミミズが地上に出てくる

竹笋生【たけのこしょうず】
5月15～20日頃
春の味覚のタケノコが、地上に顔を出す

小満《しょうまん》 5月21日頃

蚕起食桑【かいこおきてくわをはむ】
5月21～25日頃
カイコがクワの葉を盛んに食べ始める

紅花栄【べにばなさかう】
5月26～30日頃
染料や口紅となるベニバナの花が咲きほこる

麦秋至【むぎのときいたる】
5月31日～6月4日頃
ムギが実り始める。「秋」は実りの季節を表す

芒種《ぼうしゅ》 6月5日頃

蟷螂生【かまきりしょうず】
6月5～9日頃
カマキリの子が卵からかえる

腐草為蛍【くされたるくさほたるとなる】
6月10～14日頃
草むらをホタルが舞い、光を放ち始める

梅子黄【うめのみきばむ】
6月15～20日頃
ウメの実が熟し、黄みがかってくる

夏至《げし》 6月21日頃

乃東枯【なつかれくさかるる】
6月21～25日頃
夏枯草《かごそう》（ウツボグサ）の花が黒ずみ枯れて見える

菖蒲華【あやめはなさく】
6月26日～7月1日頃
アヤメの花が咲き始める

半夏生【はんげしょうず】
7月2～6日頃
半夏《はんげ》（カラスビシャク）が生える

小暑《しょうしょ》 7月7日頃

温風至【あつかぜいたる】
7月7～11日頃
夏の季節風「南風《はえ》」が吹く

蓮始開【はすはじめてひらく】
7月12～16日頃
ハスの花が咲き始める

鷹乃学習【たかすなわちわざをならう】
7月17～22日頃
タカの子が飛び方をおぼえ、巣立ちを迎える

大暑《たいしょ》 7月23日頃

桐始結花【きりはじめてはなをむすぶ】
7月23～27日頃
キリの花が実を結び始める

土潤溽暑【つちうるおうてむしあつし】
7月28日～8月1日頃
土がじっとりと湿り、蒸し暑くなる

大雨時行【たいうときどきふる】
8月2～6日頃
ときどき大雨が降って大地を潤す

秋

立秋《りっしゅう》
8月7日頃

涼風至【すずかぜいたる】
8月7～11日頃
時折、涼しい風が吹き始める

寒蝉鳴【ひぐらしなく】
8月12～16日頃
早朝や夕暮れ時にヒグラシが鳴き始める。

蒙霧升降【ふかききりまとう】
8月17～22日頃
深い霧がまとわりつくように立ち込める

処暑《しょしょ》
8月23日頃

綿柎開【わたのはなしべひらく】
8月23～27日頃
ワタの実がはじけ、白い綿毛が顔をのぞかせる

天地始粛【てんちはじめてさむし】
8月28日～9月1日頃
天地の暑さがようやくおさまり始める

禾乃登【こくものすなわちみのる】
9月2～6日頃
イネがいよいよ実り、穂を垂らす

白露《はくろ》
9月7日頃

草露白【くさのつゆしろし】
9月7～11日頃
草に降りた朝露が白く光って見える

鶺鴒鳴【せきれいなく】
9月12～16日頃
澄んだ秋空にセキレイの鳴き声が響く

玄鳥去【つばめさる】
9月17～22日頃
ツバメが子育てを終え、南へ帰っていく

秋分《しゅうぶん》
9月23日頃

雷乃収声【かみなりすなわちこえをおさむ】
9月23～27日頃
春から夏にかけて鳴り響いた雷がおさまる

蟄虫坏戸【むしかくれてとをふさぐ】
9月28日～10月2日頃
虫たちが土にもぐり、冬ごもりの支度をする

水始涸【みずはじめてかるる】
10月3～7日頃
田んぼの水を抜き、稲刈りの準備をする

寒露《かんろ》
10月8日頃

鴻雁来【こうがんきたる】
10月8～12日頃
春に北に帰った雁たちが戻ってくる

菊花開【きくのはなひらく】
10月13～17日頃
キクの花が咲き始める。旧暦では「重陽《ちょうよう》の節句」の時期

蟋蟀在戸【きりぎりすとにあり】
10月18～22日頃
戸口で秋の虫が鳴く

霜降《そうこう》
10月23日頃

霜始降【しもはじめてふる】
10月23～27日頃
山里に霜が降り始める

霎時施【こさめときどきふる】
10月28日～11月1日頃
ときどき小雨が降る

楓蔦黄【もみじつたきばむ】
11月2～6日頃
カエデやツタの葉が赤や黄色に美しく色づく

冬

立冬《りっとう》　11月7日頃

山茶始開【つばきはじめてひらく】
11月7～11日頃
サザンカが咲き始める。昔はサザンカとツバキは混同された

地始凍【ちはじめてこおる】
11月12～16日頃
大地が凍り始める。霜柱ができることもある

金盞香【きんせんかさく】
11月17～21日頃
「金盞」（スイセンを金の盃にたとえた）が咲く

小雪《しょうせつ》　11月22日頃

虹蔵不見【にじかくれてみえず】
11月22～26日頃
太陽の光が弱まり、虹を見かけなくなる

朔風払葉【きたかぜこのはをはらう】
11月27日～12月1日頃
北風が木の葉を吹き払う

橘始黄【たちばなはじめてきばむ】
12月2～6日頃
タチバナの実が黄色く色づき始める

大雪《たいせつ》　12月7日頃

閉塞成冬【そらさむくふゆとなる】
12月7～11日頃
空が重苦しく閉ざされ、本格的な冬となる

熊蟄穴【くまあなにこもる】
12月12～16日頃
クマが穴に入って冬ごもりを始める

鱖魚群【さけのうおむらがる】
12月17～21日頃
サケが産卵のため、群がって川を上る

冬至《とうじ》　12月22日頃

乃東生【なつかれくさしょうず】
12月22～26日頃
夏至の時期に枯れた夏枯草（ウツボグサ）が芽を出す

麋角解【さわしかのつのおつる】
12月27～31日頃
大型のシカの角が落ちて生え変わる

雪下出麦【ゆきわたりてむぎのびる】
1月1～4日頃
雪の下でムギが芽を出す

小寒《しょうかん》　1月5日頃

芹乃栄【せりすなわちさかう】
1月5～9日頃
春の七草のひとつ、セリが盛んに育つ

水泉動【しみずあたたかをふくむ】
1月10～14日頃
地中で、凍っていた泉が動き始める

雉始雊【きじはじめてなく】
1月15～19日頃
かん高い声で、キジが鳴き始める

大寒《だいかん》　1月20日頃

款冬華【ふきのはなさく】
1月20～24日頃
雪の下からフキノトウが顔を出す

水沢腹堅【さわみずこおりつめる】
1月25～29日頃
沢に厚い氷が張りつめる

鶏始乳【にわとりはじめてとやにつく】
1月30日～2月3日頃
ニワトリが小屋に入り、卵を産み始める

※本書の七十二候は、明治政府が発行した「略本暦」を基にしています。二十四節気と七十二候の日取りは、その年によって変わります。

監修　三《み》浦《うら》康《やす》子《こ》

和文化研究家。古《いにしえ》を紐解きながら今の暮らしを楽しむ方法を、テレビ、ラジオ、新聞、雑誌、ウェブ、講演、大学などでレクチャーしている。ウェブ上でAll About「暮らしの歳時記」、私の根っこプロジェクト「暮らし歳時記」などを立ち上げ、子育て世代へ向けた「行事育」の提唱者としても知られる。『子どもに伝えたい　春夏秋冬　和の行事を楽しむ絵本』（永岡書店）、『季節を愉しむ366日』（朝日新聞出版）、『きせつのしつらいえほん』（中川政七商店）、『天然生活手帖2025』（扶桑社）など、著書・監修書も多数。
ホームページ　https://wa-bunka.com/

装丁・本文デザイン　佐久間麻理
イラスト　髙安恭ノ介（1・3・5・7・9・11月）
　　　　　池田衣絵（2・4・6・8・10・12月）
校正　堀江圭子
制作・執筆　松田明子
企画・編集　川上裕子（成美堂出版編集部）

主な参考図書

『365日で味わう　美しい日本の季語』金子兜太監修（誠文堂新光社）
『おうちで楽しむ　にほんの行事』広田千悦子著（技術評論社）
『折々のうた三六五日　日本短詩型詞華集』大岡 信著（岩波書店）
『季節を愉しむ366日』三浦康子監修（朝日新聞出版）
『子どもに伝えたい　春夏秋冬　和の行事を楽しむ絵本』三浦康子著（永岡書店）
『暦のある暮らし』松村賢治監修（大和書房）
『春夏秋冬を楽しむ　くらし歳時記』生活たのしみ隊編（成美堂出版）
『春夏秋冬を楽しむ　俳句歳時記』日下野由季監修（成美堂出版）
『二十四節気の暦使い暮らし　かんぽう歳時記』櫻井大典著、土井香桜里絵（ワニブックス）
『にっぽんの歳時記ずかん　新装版』平野恵理子著（幻冬舎）
『俳句の鳥・虫図鑑』復本一郎監修（成美堂出版）
『有職故実から学ぶ　年中行事百科』八條忠基著（淡交社）
『読んで楽しむ　草花の事典』小池安比古監修、さとうひろみ絵（成美堂出版）

季節を感じて日々を楽しむ　くらし歳時記

監　修　三《み》浦《うら》康《やす》子《こ》
発行者　深見公子
発行所　成美堂出版
〒162-8445　東京都新宿区新小川町1-7
電話(03)5206-8151　FAX(03)5206-8159
印　刷　株式会社フクイン

ISBN978-4-415-33474-5